Kurt Graf v. Schweinitz
Notizen im Transit von Krieg und Frieden

Notizen im Transit von Krieg und Frieden

Kurt Graf v. Schweinitz

2020

Carola Hartmann Miles-Verlag Berlin

Bibliografische Information der Deutschen Nationalbibliothek
Die Deutsche Nationalbibliothek verzeichnet diese Publikation in der Deutschen Nationalbibliografie; detaillierte bibliografische Daten sind im Internet über www.dnb.de abrufbar.

www.miles-verlag.jimdo.com
email: miles-verlag@t-online.de

Herstellung: Books on Demand, Norderstedt

Titelbild: Aquarellzeichnung des Autors

Printed in Germany

ISBN 978-3-96776-000-2

What's past is prologue
Shakespeare
("The Tempest")

Inhalt

Vorwort

In den folgenden Aufzeichnungen berichte ich in kurzen Zügen von meinem Lebensgang durch die Kriegswirren und das Weltgetriebe und verbinde damit meine Gedanken über die Weltbegebenheiten, deren Zeuge ich war. Der Zeitraum umfaßt das Geschehen von den 1930er Jahren bis zum Beginn des neuen Jahrhunderts, vom Dritten Reich über den Zweiten Weltkrieg und den Kalten Krieg bis zu den Eruptionen und Erosionen und dem Gestaltwandel der Welt, die dem folgten.

In dieser Zeit hat sich vor unseren Augen ein gewaltiges Panorama elementarer Umbrüche in der Welt entrollt. Damit vor allem, mehr noch als mit dem Persönlichen, beschäftigen sich diese Blätter. Die Schrift ist ein Versuch, das Vergangene ohne Verschnitt darzustellen, das Gegenwärtige in der Realität zu erfassen und das Zukünftige in Umrissen zu deuten.

Die mit einem Maximum an Aufwand, Energie und Aktion geführten Weltkriege wurden nicht nur zwischen zwei Gruppen von Nationen, sondern auch zwischen zwei weltgeschichtlichen Epochen ausgetragen, einer vergehenden und einer werdenden. Sie leiteten einen Mahlgang ein, der zur allmählichen Auflösung der nationalstaatlichen, der herkömmlichen Ordnung überhaupt führt. Beschleunigt und erweitert durch den Fortschritt der Technik, vollzieht sich in unserer Zeit eine Wende im Weltmaßstab. Von daher erklärt sich die Unruhe in der Welt, die sich in Gewaltakten und Kriegen neuartiger Erscheinungsformen manifestiert, aber auch in dem Bemühen, eine neue, nach Konsens und Eintracht strebende gemeinschaftliche Weltordnung herzustellen.

Der Rückblick zeigt, wie historische Mächte Imperien bildeten, sich in der Expansion und im Kampf gegeneinander erschöpften und zerbrachen. Sonnenuntergang ist Sonnenaufgang andernorts. Ein Umblick heute läßt erkennen, daß die moderne Welt ihre dynamische Potenz in andere Bahnen leitet: sie erschließt Neuland der technisch-ökonomischen Bebauung und Nutzung. Darin liegt, trotz der Rücksichtslosigkeit, mit der dabei vorgegangen wird, mehr Gemeinsamkeit als in dem wechselseitigen Umpflügen ein und desselben strittigen alten Ackers, die Anstrengungen gehen eher in gleicher Richtung, als daß sie gegeneinander gerichtet sind.

Zu der Aufgabe, Anteil und Dienst an dem Wandel zu nehmen, gehört die Lagebeurteilung. Hier setzt sie am Krieg an, und wenn sie auch skeptisch ausfällt, so bestätigt sie doch die aus der Geschichte der Völker gewonnene Erkenntnis, daß die humanen Ideale tief in der Seele der Menschengemeinschaft wurzeln, daß das Humane das Ganze hält und ihm auch unter veränderten Bedingungen die Satzung gibt. Letzthin werden sich die Probleme dieser Welt nur durch Vernunft und Gesittung lösen lassen, geprägt von der Achtung vor dem Wert und der Würde des Menschen und einer Duldung des Ungleichartigen, geleitet von dem Gefühl einer den nationalen Avantagen übergeordneten planetarischen Verantwortung.

In dieser Schrift stehen die mit dem eigenen Erleben verknüpften historischen Ereignisse im Vordergrund der Darstellung, das Wesentliche aber ist die vom Geschehen der Zeit abstrahierende, auf den substantiellen Kern gerichtete Betrachtung.

London, im November 2018,
hundert Jahre nach dem Ende des Ersten Weltkrieges

Friedenszeit

Als ich geboren wurde, wehte die schwarz-rot-goldene Fahne der Weimarer Republik im Lande; als ich getauft wurde, schwebte noch die kaiserliche Reichskriegsflagge in der Garnisonkirche über mir; als ich meine erste Umschau in dieser Welt hielt, hing überall die Hakenkreuzfahne an der Stange.

Viel habe ich von dem Übergang nicht mitbekommen, meine Sicht reichte nur bis zum Rand des Sandkastens, dann bis zur Wandtafel im Klassenzimmer. Für mich stand das Dritte Reich von Anfang an da, als Tatsache. Wie es entstanden sei, ließ uns das Propagandaministerium wissen, doch gab es noch genug Zeitzeugen, von denen man etwas mehr, auch anderes, darüber erfahren konnte. Etwa vom Vater und Großvater, die noch der Kaiserzeit entstammten, die den Ersten Weltkrieg mitgemacht und dann die Revolution, den Zusammenbruch des Kaiserreiches und die Wirren der Nachkriegsjahre erlebt hatten, immer noch kaisertreu, Monarchisten wie viele ihrer Generation, nun aber eine Minderheit.

In der Weimarer Republik sollte die Mehrheit entscheiden, was voraussetzt, daß das Volk tolerant ist. Das war es nicht. Es war vom Krieg und von der Revolution aufgewühlt, politisch zerrissen, aggressiv. Viele wollten weder die Niederlage noch das Schwarzrotgold anerkennen, viele machten nicht ehrlich mit in der Demokratie, viele mißachteten ihre Regeln. Sie war schwächlich, die Weimarer Republik mit ihrer idealistisch-vertrauensseligen Verfassung, war mit dem Radikalismus, den bürgerkriegsähnlichen Zuständen und der Wirtschaftskrise nicht fertig geworden. Das Volk sehnte sich nach einer starken, Ordnung schaffenden Hand. Die einen wollten ein Zurück, die anderen ein Vorwärts, alle wollten etwas anderes als diese kränkelnde Republik, etwas Festes, etwas Großes, was, das wußten sie selbst nicht.

In dieses Vakuum stieß Hitler. Der demütigende Versailler Vertrag kam ihm zupaß, mehr noch die Bedrohung durch die Kommunisten, zum Durchbruch aber verhalf ihm erst die Wirtschaftskrise. Sehr viele Deutsche wollten ihn nicht, er war ihnen suspekt, zuletzt aber erwies er sich doch als der Stärkste von allen, die stürmische Volksbewegung hinter ihm bestätigte es. Nach den Regeln der Demokratie war die Sache damit entschieden. So ungefähr hat es sich abgespielt.

Schon ganz in meine Zeit fiel der Aufbau des Dritten Reiches in den dreißiger Jahren. Aus der Demokratie wurde eine Diktatur. Im Land wurde Ruhe und Ordnung hergestellt, die Wirtschaft erholte sich, die Menschen fanden Arbeit und ihr Auskommen, auch Freude an allerlei fröhlichen Volksfesten. Hitler verstand es, die Massen in seinen Bann zu ziehen und zu begeistern, indem er mit demagogischen Reden ihr gedrücktes Nationalgefühl hob und ihnen eine goldene Zukunft unter dem Hakenkreuz versprach. Es ging ja auch aufwärts, der Erfolg gab ihm recht. Die da oben packten die Sache schon richtig an. Wer sich quer stellte und dafür büßen mußte, sei selbst daran schuld. So ungefähr dachten die Leute darüber. Und Hitler dachte, wenn es für einen starken Mann wie ihn so leicht sei, Macht zu erobern, dann wollte er sich in der Welt gern weiter noch danach umsehen.

Nach zwei Jahrzehnten in Sturm und Not genoß das Volk den Frieden und Wohlstand. Was es nicht sehen wollte, sah es nicht. Was noch kommen würde, konnte es nicht sehen.

„Den Teufel spürt das Völkchen nie, und wenn er sie beim Kragen hätte.“ (Goethe, „Faust“).

Kriegszeit

Berlin, Freitag, 1. September 1939. Kriegsausbruch.

Das Volk eben noch in Hochstimmung beim Parademarsch der Infanterie auf der Ost-West-Achse, nun im Stimmungstief. Bedrückte Gesichter, auf dem Wilhelmplatz einige Leute, die schweigend auf die Reichskanzlei blickten. Im Radio Propagandareden mit Marschmusik. Probealarm mit Sirenen, abends Verdunklung und Lichtkontrolle.

1939-42: Deutsche „Blitzsiege", im Volk euphorische Stimmung. Eskalierender deutsch-englischer Luftkrieg.

Vater im Krieg, Mutter in Italien, ich in Berlin auf der Oberschule. Für uns im *Deutschen Jungvolk (DJ)* Beginn der „Wehrerziehung" in Feldlagern.

1943: Im Januar Winterlager bei Mittenwald. Schneehütten gebaut und zur Abhärtung darin gehaust, die widerlichen Berge rauf- und runtergestiegen.

Am 18. Februar Saaldienst im Berliner Sportpalast, wo Goebbels nach der Niederlage in Stalingrad den Totalen Krieg proklamierte. Die verrückt gewordene Menge in Ekstase, die dazu befohlenen Fronturlauber und Verwundeten im Genesungsurlaub ernst.

Im Sommer zur „Wehrertüchtigung" im Ausbildungslager Krössinsee in Pommern. Gepäckmärsche, Schieß- und Geländeausbildung nebst übler Schleiferei. „Schweiß spart Blut." „Im fünften Kriegsjahr ist Härte nötig!"

Im Herbst ins Hermann-Lietz-Internat Grovesmühle bei Ilsenburg am Harz, wo kein Licht, kein Leitungswasser, keine Heizung, offen die Fenster, dünn das Wams, kaum was auf dem Teller, aber doch ein Sanatorium gegen Krössinsee.

Von 43 an starke Bombenangriffe englischer und amerikanischer Luftflotten gegen Deutschland. Bei uns Überfliegungen und Luftkämpfe. Deckungsgräben gebaut, Fliegerwache gestanden.

1944: Schule, Wehrertüchtigung, Kriegshilfsdienst.

1945: Ende Januar nach Berlin, Sonderurlaub zur Reparatur der Bombenschäden an unserer Wohnung. Brandbombenloch und offene

Fenster mit Pappe abgedeckt, tausend Glassplitter aufgesammelt.

Anfang Februar Auftakt zum Grand Finale der Luftoffensive der Alliierten gegen die Reichshauptstadt. Aufruf zum Noteinsatz in der Stadt. Meldete mich bei der nächsten Flak-Batterie am Teufelsberg im Grunewald. Mit ein paar anderen Pimpfen eingeteilt als Munitionskuli und Rohrwischer. An der 8,8-cm-Flak höhere Schüler als Flakhelfer, nun schon Veteranen und Experten des Luftkampfes.

Fast täglich Luftangriffe, schwere amerikanische Tagesangriffe, dazwischen englische Nachtangriffe. Akkordarbeit mit den 10-kg- Granaten. Zwischen den Angriffen mich an den Rettungs- und Aufräumungsarbeiten in der brennenden, dunkel verqualmten Stadt beteiligt, mit zugefaßt bei der Feuerwehr. Ende Februar mich nach Grovesmühle abgemeldet. Dort stand ich bereits auf der Vermißtenliste.

Noch etwas Schule. Ein paar vor sich hin feuernde Tiefflieger, drei Verletzte, im Küchenhaus die Kochkessel durchlöchert.

Im März 45, gegen Kriegsende, Aufruf der Jugend zum Kriegsdienst. Ende März abgestellt zur Schanzarbeit in der ostelbischen Mittelmark. In den letzten Kriegstagen, Anfang Mai, den Russen mit knapper Not entkommen, nach Offleben im Westen marschiert und dort bei Verwandten eingekehrt, „völlig verwahrlost“, wie die indigniert bemerkten.

Anfang 1946, zehn Monate nach Kriegsende, die Nachricht, daß die Familie noch am Leben sei, verstreut in ferner Fremde.

Luftkrieg

Berlin, 3. Februar 1945, zu Beginn der Großoffensive der alliierten Luftstreitkräfte gegen die Reichshauptstadt.

Die Sirenen heulten los, im Radio wurde das Musikprogramm unterbrochen und die monotone Stimme einer Ansagerin ertönte: „Achtung! Achtung! Zahlreiche Flugzeuge nähern sich von Westen Berlin ... Sie fliegen jetzt in das Stadtgebiet ein, Abwürfe stehen unmittelbar bevor."

Der Luftwarndienst meldete neunhundert schwere amerikanische Bomber mit fünfhundert Jägern im Anflug.

Dann kamen sie auch schon am klaren Morgenhimmel in Sicht: die Geschwader zu vierzig, fünfzig „Fliegenden Festungen", gesichert von „Mustang"-Jägern. Die Flak-Batterien eröffneten das Feuer, man sah die schwarzen Bäusche der ringsum und inmitten der Pulks zerspringenden Granaten. Das Dröhnen der Motoren schwoll bei der Überfliegung zu einer alles übertönenden, vibrierenden Stärke an. Die utopische Vision von Schwärmen fliegender Kriegsmaschinen war zur apokalyptischen Wirklichkeit geworden.

Die erste Welle durchflog das Sperrfeuer des Abwehrgürtels und klinkte ihre Bombenladungen über dem Stadtzentrum ab. Vulkanische Explosionen erschütterten den Boden, Splitter fegten fernhin, aus der Stadt schoß eine Kette zuckender Blitze und eine Wand sich dunkel ballender Sprengwolken empor. Selbst bei denen, die am Abwehrkampf beteiligt waren und alle Hände voll zu tun hatten, ließ das Rollen schwerer Einschläge die Gedanken zu den Menschen hingehen, die im Fächer des Abwurfs lagen und für die in diesem Augenblick das Ende kam.

Die Flak schoß sich ein. Mehrere Bomber wurden getroffen, zwei zogen Rauchfahnen nach sich, einer stürzte brennend ab, einer explodierte, eine schwarze Rauchwolke war alles, was von dem Großbomber und seinen zehn Mann übrigblieb. Die Formation wankte nicht, geriet nicht in Unordnung, unbeirrt hielt sie geraden, steten Kurs aufs Ziel. Und so Welle auf Welle. In der Stadt starben mehrere tausend Menschen, fünfundzwanzig Bomber wurden abgeschossen.

So begann die letzte und größte Luftoffensive der Alliierten gegen Berlin und andere deutsche Städte. Nachts kamen die englischen Geschwader: brausende Drachenschatten, jagende Lichtspieße der Scheinwerfer, Flak-Feuer, rotglühende Rohre, funkenstiebende Einschläge, Hundssterne, Explosionen, Feuerschein. Wie tödliche Rechen zogen die fliegenden Armaden des Feindes über Stadt und Land hinweg und hinterließen „the world's vastest ruin".

In der eisernen Ordnung im Anflug auf das Ziel drückte sich der Wille aus, zu vernichten, auch um der eigenen Vernichtung Preis. Er richtete sich nicht allein gegen militärische und industrielle Ziele, sondern auch gegen die Bevölkerung, die als mitwirkender Bestandteil der feindlichen Kriegsmacht eingestuft wurde.

Der Anblick der angreifenden Luftflotte vermittelte eine Vorstellung von dem ungeheuren Potential und der geballten Energie der amerikanischen Industriemacht. Hier kamen neue, titanische Kräfte ins Spiel, hier schlug ein neues Zeitalter gebieterisch an die historische Pforte.

Eine andere Art des Luftkrieges waren die Tieffliegerangriffe des Feindes, die sich gegen Ende des Krieges immer mehr verdichteten. Sie waren unberechenbar, denn die Jäger machten freie Jagd, sie kamen überraschend, grasten die Straßen und Bahnstrecken ab und „gingen auf die Dörfer". Bei der Vermengung der Militärkolonnen mit den Flüchtlingshaufen auf den verstopften Straßen trafen die Garben die einen wie die anderen.

Auch dieser Vorgang hatte einen mechanischen Zug. Der Jagdflieger visierte das Ziel an und drückte auf den Knopf, der das Schnellfeuer der Bordwaffen auslöste. Am empfangenden Ende sah man die Maschine auf sich zu kommen, man hörte die Bordwaffen losrattern, die Salven knallen und sah die heranschießende Schnur der am Boden aufspritzenden Einschläge. Mechanische Feuerschlangen.

Diese Beispiele von Bombern, die in den Städten „Teppiche" legten, und von Tieffliegern, die mit Maschinenwaffen Flächenziele durchstreuten, zeigen, wie die Technik durch Massenwirkung und Automatik die Grenze einer angemessenen Gewaltanwendung von sich aus überschritt.

Der Geschwaderführer, der in großer Höhe und bei schlechter Sicht den Befehl zum Bombenabwurf gab, konnte mit dem Auge und den ungenauen Zielgeräten bestenfalls das Ziel orten, aber nicht mehr zwischen Kämpfern und Nichtkämpfern unterscheiden. Die Präzisionstechnik war damals noch nicht entwickelt, aber selbst, wenn sie es schon gewesen wäre, so hätte es doch an der Intention gefehlt, sie zum Zwecke der Schonung anzuwenden. Die Wirkung der Mittel entsprach dem erwünschten Resultat.

Scharf läßt sich die Grenze der Gewalt nicht ziehen. Die Bevölkerung eines kriegführenden Staates wird unvermeidlich in Mitleidenschaft gezogen, es ist aber ein Unterschied, ob sie ein mittelbar betroffenes Opfer oder das Objekt des Angriffs ist.

Das Ziel, den Willen des Gegners zu brechen, führte zum totalen Krieg. Er hob Begrenzungen auf, die früher noch wirksam gewesen waren. Was an ethischer Verpflichtung übriggeblieben war, wurde von ihm gelöscht. Der Luftkrieg gibt das Beispiel. Eine Marke hatten die deutschen Luftangriffe auf London 1940 gesetzt.

Indem die kriegführenden Staaten alle Kräfte der Nation zur äußersten Gesamtanstrengung mobilisierten, erweiterte sich die Angriffsfläche über den militärischen Bereich hinaus. Der Angreifer suchte mit seiner technischen Kapazität die Massen des Feindes, ganze Teile der Nation, zu erfassen und zu vernichten, wie es bei den Luftangriffen auf Städte deutlich wurde. Daß dieses Verfahren später der moralischen Kritik unterzogen wurde, spricht für die Einsicht und das Gewissen des Menschengeistes.

Man findet in diesem Krieg Beispiele, die erkennen lassen, daß die Spaltung der Völker tief, aber nicht bis zum Grund hinabreichte. Verborgen unter der Leidenschaft des Hasses und dem Gelüst nach Vergeltung und Vernichtung blieb das Bewußtsein eines Gemeinsamen erhalten. Wir haben erlebt, daß dem abstürzenden Angreifer unwürdige Worte nachgerufen wurden, aber auch, daß, während die Stadt noch rauchte, der gefallene Gegner mit Kreuz und Gebet beerdigt wurde und eine Hand ein paar Blumen auf das Grab legte. Wir haben erfahren, daß „morale bombing", „terror bombing" für legitim und gerechtfertigt erklärt wurde, aber auch, daß die Ausführung des

Auftrages denen, die ein Herz und Auge hatten für das, was damals geschah, schwer auf die Seele fiel.

„God help them“, murmelte ein junger Navigator einer Flying Fortress, als er bei jener „Operation Thunderclap“ auf Berlin hinabsah, während der Bombardier die Ladung Sprengbomben abwarf. Es war dies der Lieutenant Edmund Ladendorff, dem ich später in Amerika begegnet bin und der ein Freund von mir geworden ist.

Buschkrieg

Elbe-Havelland, zu Kriegsende Anfang Mai 1945, Streifzüge an der Front.

Schanz- und Grabendienst. Endlos die Wachen im Graben, langsam segelten die Wolkenschiffe am Mond vorüber, dann wieder regnete es, Erdbrocken lösten sich aus der Grabenwand und fielen klatschend in den Schlamm der Grabensohle. Eine schwere, düstere Stimmung lag auf dem Land zu jener Stunde der Ruhe vor dem Sturm, von der sonst so gemütlichen Landschaft ging nun eine fremde Kälte aus. Das Gefühl der Unwirklichkeit wich einer grauen Nüchternheit, eingesogen von der, die einen rundum anstarrte. Das unheimlich Ungewisse lastete drückend auf den im Schlagschatten des Todes stehenden Menschen. Sie hatten in dem von Vernichtung umringten Raum das Gefühl, in einem sich zuziehenden Netz zu stecken, aus dem es kein Entrinnen gab.

In der Ferne grollte Kanonendonner, die Abschüsse wetterleuchteten am Nachthimmel. Über dem Graben funkelten die Sterne.

Im Dämmerlicht wälzte sich ein langer, schweigender Zug von Kriegern vorüber, in ihrer Mitte Verwundete und Flüchtlinge, ein Bild, das wie eine Rückblende in die Zeit anmutete, da die Goten vor den Hunnen wichen.

Im Strom des großen Rückzuges. Verirrt im Durcheinander, liefen wir vier waffenlose Versprengte in Jugenduniform im Frühnebel den im Busch getarnten russischen Feldposten vors Gewehr, ein Schuß, der uns um die Ohren pfiff – „Stoi!“ und mit „Dawai!“ und Kolbenstößen ab hinter die feindlichen Linien, wo wir im Haus einer Feldwache verhört und dabei, weil verdächtigt, Spione und Saboteure zu sein, blutig geschlagen wurden. Auf die angedrohte Erschießung mußte man sich hier gefaßt machen.

Dann kam der Proviantwagen mit Brot und Wodka. Die Russen ließen alles stehen und liegen und drängten sich um ihn. Wir sprangen durch das hintere Fenster ins Freie. Ich schlug mich in die nächsten Büsche und blieb dort in Deckung liegen. Die anderen rannten querfeldein – geradewegs hinein in den Morast eines Moores, wo sie steckenblieben. Die Russen setzten ihnen nach und erschossen sie vom Sumpfrand her.

Der erste Gedanke war der an einen Griff nach den von den meisten Russen achtlos im Wachlokal zurückgelassenen Maschinenpistolen gewesen. Über das Schicksal soll kein Urteil gewagt werden.

Hinter den feindlichen Linien. Der Morgen. Ich lag in Deckung in einer Buschgruppe und beobachtete das Vorland. Rote Leuchtkugeln zeigten die vordere russische Linie an, das letzte Hindernis, das ich noch zu überwinden hatte, um wieder auf die richtige Seite, zum eigenen Haufen zu kommen. Ein instinktiver Drang zum Zusammenhalten in der Not zog mich in den Kessel dort, vermischt mit einer zwingenden Neugier, an diesem Schicksalsort die Wahrheit der Wirklichkeit zu erfahren.

Quer vor meiner Deckung verlief ein Feldweg, links hin zu einem verlassenen Bauernhof, rechts zu einer die Sicht begrenzenden Buschreihe. Plötzlich tauchte aus dieser Ecke ein russischer Soldat auf, ungefähr hundert Meter von mir entfernt. Er schritt auf dem Feldweg direkt auf mein Versteck zu, schlendernd, beide Hände an einer Maschinenpistole, die am Riemen um seinen Hals hing. Noch hatte er mich nicht gesehen, von nahem aber mußte er mich entdecken, denn meine Büsche waren, wie die paar anderen dürren Kusseln in diesem Gelände, klein und ziemlich licht. Ein Entkommen über das freie Feld war nicht möglich, bei dieser Entfernung würde ich allemal in der Garbe gelegen haben. Auf Gnade war bei keinem Russen zu rechnen; mich ergeben, um kurzerhand umgelegt oder nach dem Osten verschleppt zu werden, kam nicht in Frage. Ich griff nach meiner Pistole, einer zur Notwehr aufgelesenen PPK 7,65 mm, und entsicherte sie. Die Spannung war eine Hemmung, die überwunden werden mußte, und zwar schnell, um für einen sicheren Schuß ein klares Auge und eine ruhige Hand zu haben. Sekunden auch nur zur Entschlußfassung: ihn nach der Kriegspraxis aus dem Hinterhalt niederschießen oder ihm überraschend, doch offen mit der Waffe gegenübertreten, mich seiner Waffe bemächtigen und mich absetzen? Sollte er gleichzeitig auf mich anschlagen, würde der Zusammenstoß kurz und mörderisch sein, da würde keiner von uns mehr ausweichen, würde nur einer bestehen können. Alle Urinstinkte erwachen, alle

Feuer der Vorzeit flammen auf, der Wille zu überleben erzwingt die Entschlossenheit zum Äußersten. Ich machte mich zum Ansprung bereit.

Als der Russe bis auf knapp fünfzig Meter an mein Versteck herangekommen war, blieb er plötzlich stehen, sah auf seine Armbanduhr, machte kehrt und ging in die Richtung zurück, aus der er gekommen war.

Die Nacht. Heranpirschen von hinten an die russische Frontlinie in einer jederzeit auf eine gefährliche, vielleicht tödliche Begegnung eingerichteten Stimmung. Ich war entschlossen, mich nicht noch einmal gefangennehmen zu lassen; auf meine Waffe würde ich mich verlassen können, ein beruhigender Gedanke. Spukhaft die Finsternis, die Augen und Ohren angestrengt zu durchdringen suchten. Die Gefahr strich mit Hyänenaugen herum. Ich tastete mich ganz langsam vorwärts, sorgsam bemüht, jedes Rascheln zu vermeiden, immer wieder den Schritt verhaltend, sichernd, den Umkreis auswitternd, lautlos ausweichend, wo sich im Dunkeln etwas bewegte, zu bewegen schien, oder zu hören war, ein kleines metallisches Klirren, ein Räuspern oder Hüsteln, ein kurzes Gewisper, das herüber wehte und den feindlichen Postenstand verriet.

Plötzlich ein elektrisierender Ton: unheildrohend näherkommende Schritte. Ich drückte mich mit angehaltenem Atem ins Gras. Schatten waffenbehangener Gestalten, ein Zischen – eine Leuchtkugel, die hochfuhr und ihr Licht auf einen geisterhaften Flecken der gegenüberliegenden deutschen Front warf. Im gleichen Augenblick aus nächster Entfernung rechts von mir ein auf das beleuchtete Vorfeld losprasselndes Feuerwerk von rasanten Leuchtspurgeschossen mehrerer russischer Maschinengewehre. Die Einschläge peitschten das Buschwerk. Von drüben antwortete ein einzelnes deutsches Maschinengewehr mit einem scharfen, kurzen Feuerstoß.

Dann wieder Finsternis und Stille. Hineinlauschen in die wache Nacht, wo dämonische Geister ihr Wesen trieben, wo ein auf Tod und Vernichtung sinnender Feind auf dem Anstand lag, unsichtbar, schweigsam, lauernd, schußbereit.

Auf dem Feld lag der Druck des Krieges mit seiner ganzen Unerbittlichkeit, herrschte die Aufregung der Jagd, man selbst in der Rolle des

Wildes, auf sich gestellt, im Ungewissen in einer vor Spannung knisternden Atmosphäre, in dunkler, unendlicher Einsamkeit, in der man das Herz fest in die Hand nehmen mußte.

Kleine Ausschnitte, Erlebnisse, die ins Maß zu dem gewaltigen, ringsumher tobenden Sturm und Windbruch zu setzen sind.

Bildarchiv

Die sich gegen den klaren Sternenhimmel schwarz und monumental abhebende Silhouette der gleich zu Kriegsbeginn verdunkelten Reichskanzlei in Berlin.

Der ältere Herr mit dem Judenstern in der Straßenbahn, dem der Schaffner den von mir angebotenen Sitzplatz verweigerte.

Die geisterhafte Gestalt einer Frau mit Küchenschürze, die sich nach einem Bombenangriff plötzlich aus dem von uns bereits zusammengetragenen Leichenhaufen erhob.

Der im Schneegestöber regungslos auf den Trümmern eines Hauses sitzende Greis.

Die sechs toten Rotkreuzschwestern im Splitterschutzgraben, ohne Spuren äußerer Verletzung, sämtliche Kleider und Wäsche durch den Druck der Luftmine vom Leibe gerissen.

Das Bündel Mensch auf dem offenen Wagen des Güterzuges mit den Flüchtlingen aus dem Osten, erfroren, zugeschneit.

Der amerikanische Jagdflieger, der den Bauern mit seiner Kuh am Strick unter Feuer nahm.

Der örtliche Parteileiter, der sich nach einer Brandrede mit Durchhalteparolen im Dienstwagen in Zivil davonmachte.

Die Soldatenleiche am Chausseebaum mit dem Schild vor der Brust: „Ich bin ein feiger Deserteur".

Der Verwaltungsbeamte, der sein Proviantlager vor der Bevölkerung verschlossen hielt, bis daß es dem Feind in die Hand fiel.

Der Verwundete am Wegesrand, der sich mit gleichgültigem Blick den Mantel über den Kopf zog und still wurde.

Der Bauer, der säend über das Feld schritt, an dessen Rand zwei Gefallene im Straßengraben lagen.

Die leise ein Wiegenlied singende Flüchtlingsfrau mit dem kleinen Kind im Arm, das schon tot war.

Matthäus 27,46 mit Kreide an der Kirchhofsmauer: „Mein Gott, mein Gott, warum hast du mich verlassen?"

Der Fahnenmast ohne Staatsfahne, obenauf ein Rabe.

Im Osten Plünderung, Vergewaltigung und Morden, Russen, die Menschen verschleppten und deren Eigentum wegschleppten, Russen, die schändeten, ihr Gegröle und Gejohle vermischt mit dem Angstgeschrei der Frauen.

Das ausgeplünderte, verwüstete Bauernhaus, davor die verstümmelte Leiche eines Mannes, an der Viehtränke die Leiche einer halbnackten Frau, der Kopf im Wasser des Troges – Markierungen der Vormarschstraße der Roten Armee.

Der russische Soldat mit den zwei Armbanduhren am Handgelenk, den drei Eheringen am Finger und dem Goldzahn, den er unablässig zwischen den Fingern hin- und herdrehte.

Im Westen der auf der Autobahn sich vorbeiwälzende Heerwurm des Siegers, Kriegswagen mit dem weißen Stern in endloser Kette, auf der Gegenbahn Kolonnen deutscher Soldaten, Kriegsgefangene, auf dem Felde pflügende Bauern, die hinter dem Pferd gingen.

Flüchtlingsströme aus dem Osten, eine Völkerwanderung umherirrender Menschen, Trecks mit ausgemergelten Pferden, hochbepackten Bauernwagen, Handkarren, Fahrrädern, Kinderwagen, mit humpelnden Alten und erschöpften Frauen, im Arm und an der Hand Kinder, die ihre Puppen und Teddybären eng an sich drückten.

Amerikanische Streifen, die nach Waffen suchten, Wein mitnahmen und Häuser beschlagnahmten, aus denen sich die Bewohner augenblicklich, nur mit Handgepäck, vertrieben sahen.

Befreite polnische und russische Gefangene, die in Banden mit Äxten und Messern plündernd von Hof zu Hof zogen, aus denen man Schreie und dumpfe Schläge fallen hörte, die einem das Bild der Bluttat erahnen ließen.

Menschen, die an einem vorbeizogen: fremde Soldaten, die die Heeresordnung wahrten und die Bevölkerung gegen Angriffe und Übergriffe schützten und andere, die Unheil geschehen ließen.

Menschen, an denen man vorbeizog: solche, die sich still in ihr Los schickten, und andere, die sich mit Faustschlägen ihren Vorteil verschafften.
Dazwischen feste Positionen: Menschen, die sich vor dem Schrecken nicht duckten, die mit Mut und Tatkraft eingriffen und halfen, wo es not tat.

Jesaja, erstes Kapitel: „Euer Land ist wüst, eure Städte sind mit Feuer verbrannt; Fremde verzehren eure Äcker vor euren Augen, und es ist wüst wie das, so durch Fremde verheeret ist."

Die Bombenangriffe und Endkämpfe, die das Leben der Menschen zuletzt noch so beherrscht hatten, schienen vergessen sobald sie beendet waren. Die Erinnerung daran wurde überschattet von dem Zusammenbruch und der Erniedrigung einer stolzen Nation und ihrer tapferen Soldaten, von den Schreckensbildern der Grausamkeit und Vernichtung, von dem Leiden der Opfer der Gewalt, von der Last der Schuld und Schande, von der Totenklage der Welt.

Früher hatte man in einem selbstverschuldeten Unglück das Zeichen des gerechten Zornes Gottes gesehen, jetzt interpretiert man es eher als Zufall, der zum Unfall wurde. Das Verhängnis wird zum bloßen Faktum. Die säkulare Auffassung erleichtert Ablösungen, sie erschwert die Einsicht in den Sinn der Bedeutungen.

Die schärfste Pflugschar brach den Acker um: sie öffnete ihn für eine neue Saat.

Den Krieg gegeneinander hatten alle verloren, der Friede mußte von allen, mußte miteinander gewonnen werden.

Wie schwer es ist, die Spaltung und Zerklüftung der Welt und die fortdauernde Spannung zu überwinden, zeigt sich an der Härte des Kampfes, in dem wir noch stehen, des Kampfes um den Frieden.

Kriegsende

Eine Betrachtung der Epoche des Dritten Reiches und des Zweiten Weltkrieges ist von uns kaum zu umgehen. Nur um Gebrauch von Beispielen dazu zu machen, habe ich in dieser Schrift einige Erinnerungen, Bilder und Eindrücke wieder ans Licht gebracht.

Bei den verworrenen Zuständen zu Ende des Krieges 1945 und meinen nur bruchstückhaften Erzählungen von dem Geschehen schien es mir angebracht zu sein, sie durch diesen Bericht über den Verlauf der Ereignisse zu ergänzen. Er ist beschränkt auf Ausschnitte aus der Gesamtlage und auf die Lage an der Elbe.

Zu Beginn des Kriegsjahres 1945 stand der Feind vor den Reichsgrenzen, dann brach er in das Reich ein und eroberte trotz heftiger Gegenwehr die deutschen Ost- und Westprovinzen.

Der Endkampf wurde besonders hart an der Ostfront ausgetragen. Im Westen wurde der Widerstand bald als sinnlos empfunden und nach und nach eingestellt. Im Osten wirkten die Grausamkeiten der Russen und Asiaten gegen die Bevölkerung und die Aussicht auf Versklavung auf den Widerstand zurück. Die deutschen Truppen kämpften dort bis zuletzt, um den Abzug der Flüchtlingstrecks zu decken, schrittweise nach Westen auf die Linien der Alliierten zurückzuweichen, sich denen zu ergeben und so der gefürchteten russischen Gefangenschaft zu entgehen. Es gelang nur zum Teil.

Im April war das Deutsche Reich nur noch ein Torso zwischen der Elbe und der Oder, der Küste und dem Donauraum. Im Westen hatten die Alliierten nach leichtem, schnellem Vormarsch Mitte April die mittlere Elbe erreicht, wo sie stehenblieben. Kurz danach durchbrachen die sowjetischen Armeen mit einer Großoffensive die deutsche Oderfront, stießen in die Mark Brandenburg vor und schlossen Berlin, mit Hitler darinnen, ein. Die Reichshauptstadt wurde zum Brennpunkt des Endkampfes. Ende April trafen die Russen mit den Amerikanern bei Torgau an der Elbe zusammen. Damit war der Torso in der Mitte durchtrennt.

In dem Kessel in der Mark zwischen Berlin und der Elbe hielt sich die improvisierte, jugendliche, gut geführte deutsche 12. Armee, die

Armee Wenck. Ihr Entsatzangriff auf Berlin, auf den Hitler seine letzte illusorische Hoffnung gesetzt hatte, blieb vor Potsdam liegen, doch konnte sie noch viele Truppenreste und Flüchtlinge aufnehmen und vor dem Zugriff der Russen retten.

Anfang Mai, kurz vor Kriegsende, wich die Armee, einige Tausend Flüchtlinge mit sich führend, auf die Elbe bei Schönhausen aus und machte dort noch einmal Front gegen die nachdrängenden Russen, um Zeit für den Übergang über die Elbe und das Absetzen der Truppen und Flüchtlinge nach Westen zu gewinnen. Ihr Brückenkopf bei Schönhausen war das letzte Stück Hoheitsgebiet des Deutschen Reiches. Es war der Stammsitz des Reichsgründers Bismarck.

Hitler erschoß sich am 30. April im Bunker der Reichskanzlei, von der die Russen nur noch zwei Straßenzüge entfernt standen. Das deutsche Ostheer kämpfte weiter, bis es zusammengeschlagen war, bis zur Kapitulation der Wehrmacht am 8. Mai 1945, 23.01 Uhr MEZ.

Im Dritten Reich wurde die männliche Jugend vom zehnten Lebensjahr an bis zur Einberufung zum Wehrdienst einer in die Schulzeit eingeschobenen „Wehrerziehung“ und „Wehrertüchtigung“ unterzogen. Die „Jugenddienstpflicht“ war eine für alle Jugendlichen gesetzliche Verpflichtung. Im Kriege wurde daraus der Kriegshilfsdienst, dann der Kriegsdienst.

Von 1943 an wurden die sechzehnjährigen Schüler als Flakhelfer im Heimatgebiet eingesetzt, 44 standen die Siebzehnjährigen an der Front, 45 die Sechzehnjährigen, im Heer oder im „Deutschen Volkssturm“, „zur Verteidigung des Heimatbodens“, auch sie „waffenfähige Männer, Soldaten im Sinne des Wehrgesetzes“, daher auch diejenigen, die fahnenflüchtig waren, standrechtlich erschossen oder aufgehängt wurden. Zuletzt wurde auf die Fünfzehnjährigen und die Pimpfe zurückgegriffen. Die Jugend bewies Disziplin und Tapferkeit. Viele gingen ran, viele gingen drauf.

Ich gehörte zu den jüngsten Jugendjahrgängen, die der Staat im Kriege in seine Dienste stellte, 1943/44 zur Wehrertüchtigung in Ausbildungslagern und zum „Kriegshilfsdienst des Jungvolks an der Heimatfront“, Luftschutzdienst, Not- und Arbeitseinsätze, Anfang 45, bei der letzten und größten Luftoffensive der Alliierten gegen Berlin, zu Hilfsdiensten bei der Flak und der Feuerwehr.

Ende März 45 wurden die „wehrfähigen Jungmannen“ meiner Klasse, Sechzehn- und Fünfzehnjährige, ich der Jüngste, von der Schulbank weg zum letzten Aufgebot aufgerufen und als Arbeitskommando zum Schanzen eingesetzt; mein Trupp in der ostelbischen Mittelmark, im Bereich der Armee Wenck, erst zum Stellungsbau am Ostufer der Elbe, an der Autobahnbrücke nördlich von Magdeburg, bis die Amerikaner im April heranrückten und wir von dort abgezogen wurden zum Bau einer als Aufnahmestellung hinter der Ostfront gedachten Panzersperre an der Autobahn bei Ziesar. Die Stellung war der Fronttruppe zu übergeben, zur Sicherung wurden wir mit ein paar Handwaffen in Alarmbereitschaft gehalten. Beide Anlagen wurden von Tieffliegern mit Bordwaffen bestrichen. Einen von uns traf es, ihm hat es die rechte Gesichtshälfte weggerissen, er verblutete uns unter den Händen.

Hinter uns standen die Amerikaner an der Elbe, dort war der Kampf eingestellt worden. Ostwärts vor uns stand die Armee Wenck mit ihren Hauptkräften an der Südwestfront von Berlin, mit Teilen an der Havelfront mit den Russen im Kampf. In den letzten Kriegstagen wich sie mit den Hauptkräften in einem Zuge über Ziesar und Genthin auf die Havel-Elbe-Linie nördlich von uns aus.

Auch unser Trupp rückte ab. Vier von uns, auch ich, blieben freiwillig zurück, um unsere Stellung der Truppe zu übergeben. Die übernahm sie nicht, sondern zog bei uns durch, und so folgten wir der Nachhut. Übermüdet kamen wir in stockfinsterer Nacht vom Wege ab und stießen im Morgengrauen auf die vorgeschobenen Sicherungen der herangerückten Russen. Ein paar Handgranaten hätten zum Absetzen von den Vorposten genügt, die aber hatten wir nicht dabei, unser Trupp hatte die knappen Kampfmittel alle selbst mitgenommen, wir waren unbewaffnet. Daß wir in unserer schwarzen Jugenduniform vom Russen keine Schonung zu erwarten hatten, wurde uns gleich durch Mißhandlung bei der Gefangennahme klargemacht. Unverhofft ergab sich dann eine Gelegenheit zur Flucht, die mir gelang, den anderen nicht.

Die Gegend wurde nun immer dichter von Russen besetzt. Für alle Fälle bewaffnete ich mich mit einer herumliegenden deutschen Heerespistole. Mein Ziel war Ferchland an der Elbe, im Südteil des Brückenkopfes der Armee Wenck. Man hörte Gefechtslärm im Norden, auch in meiner Gegend, ostwärts von Ferchland, doch schwächer.

Die Durchquerung der feindlichen Linien war ein kniffliges Tag- und Nachtunternehmen. Ich erreichte Ferchland auf Schleichpfaden, womit ich wieder „heim im Reich" war, in dem letzten Flecken Landes davon, in seiner letzten Wagenburg. Das Gerücht ging um, daß die Kapitulation der Wehrmacht unmittelbar bevorstünde, für das laufende Übersetzen der Soldaten und Flüchtlinge über die Elbe nach Westen also nur noch eine Frist von ein, zwei Tagen bliebe, wenn nicht die Russen schon in den nächsten Stunden alles überrennen würden. Eine panische Angst, ihnen in die Hand zu fallen, würgte die im Brückenkopf der Armee eingekesselten Menschen; es waren Tausende und aber Tausende.

Die Armee verteidigte sich auf dem Ostufer der Elbe in einem wenige Kilometer tiefen, von Schönhausen über Fischbeck bis Ferchland reichenden Brückenkopf gegen die mit erdrückender Überlegenheit angreifenden Russen, die ihr durch Umfassung von Nordosten her den Rückzug nach Westen abzuschneiden suchten. Gleichzeitig liefen an der Elbe die Übersetzbewegungen. An den Übergangsstellen auf dem Ostufer stauten sich Truppen und Flüchtlingsmassen; das Abfließen über Behelfsstege und -leitern auf den gesprengten Brücken und auf Fähren, Floßsäcken und Pontons ging langsam nur und stockend vonstatten. Die Amerikaner auf dem andern, dem Westufer nahmen Verwundete und waffenlose Soldaten der Ostfront auf, aber keine Flüchtlinge, den übersetzenden Truppen gelang es aber trotzdem, viele von ihnen nach Westen mit durchzuschmuggeln. Gedeckt von den fechtenden Teilen vollzog die Masse der Armee den Uferwechsel in guter Ordnung und ergab sich den Amerikanern auf dem Westufer. Einige Truppenteile wurden von denen später dann doch noch den Russen ausgeliefert.

Der Brückenkopf wurde zusammengedrückt. Die den Übergang deckenden Kampftruppen wehrten sich mit letzter Kraft und letzter Munition gegen die Übermacht der Russen. An jenem vorletzten Tag des Krieges stand der Russe dicht vor der Elbe. Am Abwehrring bei Fischbeck brach er durch. Der Brückenkopf war damit in zwei Teile gespalten; seine Räumung wurde eingeleitet. Die Frontverbände setzten sich kämpfend auf die Übergangsstellen ab, der Armeeführer und sein Stab bei den Letzten am Feind.

Das Elbufer lag unter Störungsfeuer der russischen Artillerie. Flüchtlinge und Fuhrwerk wurden getroffen, gellende Schreie, Paniken, wildgewordene Pferde, die durchgingen. Nachdem ein paar Granaten versehentlich auch drüben, in die Stellungen der Amerikaner eingeschlagen hatten, zogen die sich auf eine vom Ufer abgesetzte Linie zurück. Scharen von Flüchtlingen nutzten die Chance, auf Bötchen und Flößen aller Art, zusammengebundenen Planken, Fässern, Benzinkanistern, oder schwimmend, an Balken geklammert, den Fluß zu überqueren. Einige schwache Schwimmer schafften es nicht, den breiten Strom mit seiner starken, kalten Strömung zu überwinden und ertranken. Von den Haufen und Grüppchen, die das andere Ufer erreichten, wurden viele doch noch von amerikanischen Soldaten abgefangen und auf höheren, auch denen unverständlichen Befehl wieder zurückgetrieben. Die Masse der Flüchtlinge verharrte wie eine verlassene Herde auf dem Ostufer.

Am selben Tag erschienen russische Panzer auch bei Ferchland an der Elbe und riegelten dort den Fluchtweg ab. Verlockend, aber sinnlos, jetzt noch und inmitten der Flüchtlinge nach einer Panzerbüchse zu greifen. Ich entwich in den noch feindfreien Raum im Süden, vergrub meine Pistole und schwamm bei Parey nachts durch die Elbe, erreichte unbeobachtet das Westufer und fand dort in einer verlassenen amerikanischen Stellung Deckung und Verpflegung.

Am nächsten Tag, dem 8. Mai, kurz vor Mitternacht, schwiegen die Waffen. Ich machte mich auf den Weg in eine ungewisse Zukunft. Die Hoffnung begleitete mich.

Nachwort

Clausewitz wollte den Ruin im Kriege unter allen Umständen vermieden sehen. Seine Mahnung, daß man dem Volk ein nutzloses Leiden und Ausbluten ersparen solle, wurde mißachtet. Alle Versuche, die

Katastrophe abzufangen oder wenigstens zu beschränken, scheiterten. Eine Widersetzlichkeit, ein Widerspruch gegen den Willen des zum Tyrannen gewordenen Diktators war gefährlich, die Henker gehörten zu seinem Gefolge. Die Vernunft konnte sich nicht durchsetzen, vor Ort aber doch manch Unheil im Unheil verhindern.

Eine Verständigung mit den Gegnern war unmöglich geworden; ihnen winkte der Sieg und nach allem, was geschehen war, kam für sie ein Kompromiß nicht mehr in Frage. Ihr Anspruch auf bedingungslose Kapitulation kündete die Absicht an, den Deutschen zu entrechten. Es drohte das vae victis: Kollektivbestrafung, Verlust von Souveränität und Bestand, Frondienst als Heloten unter dem Joch und der Knute der Sieger. Das Menschen- und Völkerrecht war außer Kraft gesetzt, wie es sich beim Einmarsch der Russen in die deutschen Ostprovinzen bereits gezeigt hatte. Die Truppe leistete einen Widerstand, der unter günstigeren Bedingungen als sinnlos empfunden worden wäre. „Like the warriors of the Teutonic tribes of old, they were resolved to die where they stood to protect the uprooted population from the eastern invader", so beschreibt es der englische Historiker John Keegan. Die zusammengeschmolzenen Verbände kämpften nur noch, um zu retten, was noch zu retten war, ums nackte Überleben. Vielen schien der Tod im Kampf oder von eigener Hand ein gnädigeres Schicksal zu sein als das der Gefangenschaft im Osten. Das Gefälle im Niveau der Gesittung löste eine Völkerwanderung von Ost nach West aus; zurück blieb eine lange, breite Spur von Toten und niedergewalzten Trecks.

Der Endkampf war eine Konsequenz des totalen Krieges mit seiner eskalierenden Vernichtungstendenz und die bedingungslose Kapitulation war das notwendige Resultat davon.

Das Ende war blutig. Das Reich sank unter Donner in Trümmer. Die Niederlage war total, schwerer als irgendeine je von uns erlittene. Die Wehrmacht war vernichtet, der Staat zerschlagen, das Land zerstört, das Volk im Elend. Sein moralisches Guthaben war ruiniert, der deutsche Name entehrt. Die Welt erhob Anklage gegen das deutsche Volk und verlangte, daß sich der Sieger mit dem Moralkodex in der Hand über den Besiegten zu Gericht setze.

In der Welt war Erleichterung, den Tyrannen überwunden zu haben, war Hoffnung auf ewigen Frieden. Der römische Senator Curtius Montanus: „Meint Ihr etwa, Nero sei der letzte Tyrann gewesen?“

Der Feind im Lande – das war im Westen ein Übergang zum ersehnten Frieden, im Osten war es die Erfahrung, zu keiner Minute und an keinem Ort seines Eigentums, seiner Freiheit, seines Lebens mehr sicher zu sein, die Gefahr, auf der Stelle getötet oder nach dem Osten verschleppt zu werden, ohne daß jemals Kunde sein würde von dem Schicksal, das die Opfer erlitten.

Tagesbefehl des Marschalls Schukow: „Sowjetsoldat, räche dich! – so, daß es nicht nur den heutigen Deutschen, sondern auch ihren fernen Enkeln in Erinnerung bleibt. Blut für Blut! Alles, was sie besitzen, gehört dir. Sowjetsoldat, habe kein Mitleid im Herzen!“ Stalin gebot den Schrecken, er kannte dessen Macht.

Das besiegte Volk und eroberte Land waren Kriegsbeute des Feindes, seiner Willkür preisgegeben, der Orgie des Wütens betrunkener Russenhorden, der Vergewaltigung der Frauen, kleinen Mädchen, Greisinnen, der Ausplünderung, den tödlichen Quälereien, dem Gemetzel, der Ausmordung ganzer Dörfer, der Deportation Unzähliger in die Sklaverei und damit in ihr Verderben. Der Geist Dschingis-Khans waltete ob und das Grauen kroch über das Land.

Dies war im Osten der Schlußakt eines entsittlichten Krieges, in dem nicht nur Vergeltung für das von den Deutschen angerichtete Unheil geübt, sondern auch der Wille des schon besiegten Volkes noch im Kern gebrochen werden sollte. Wenig kündet davon. Wo Maß und Regel hinfällig sind, erübrigt sich die Zensur.

„By ‚unconditional surrender’ I mean that the Germans have no rights to any particular form of treatment”, erklärte Churchill, „the victorious nations owe it to themselves to observe the obligations of humanity and civilisation.”

Der dunkle Osten entzog sich der humanitären Verantwortung. Mit den Deutschen wurde auf asiatische Weise abgerechnet. „Barbarians dealing with barbarians“, so sah man es im Westen.

Die Deutschen hatten in aussichtsloser Lage zusammengestanden und erstaunlich lange durchgehalten. Nun, wo das Gerüst brach, hielten auch die Zehn Gebote nicht mehr. Vom Nächsten war keine Hilfe zu erwarten, vielmehr Abweisung, ja Verrat, Verleumdung und Denunziation, auch handgemeine Übergriffe nach dem Recht des Stärkeren, dem Faustrecht beim Zugreifen – der Mensch wie er ist, wenn Recht und Gesetz fallen und die Ordnung sich auflöst. Es hat einem vor Augen geführt, wie leicht das Gestell einer zivilisierten Gesellschaft einstürzen kann.

Umso höher waren die guten Taten zu werten, da wo der *Mensch* erschien und Hilfe spendete. Das Gute hatte immerhin irgendwo noch überlebt. Hierzu gehörten auch die Kräfte, die von selbst tätig wurden und mit deutscher Energie und Tüchtigkeit an Ort und Stelle Ordnung im Chaos schafften. Und so begann der Neuaufbau.

Die ostelbische Strecke in der Mittelmark, die mit all den Hemmnissen des Kriegstumults zu überwinden mich seinerzeit Tage gebraucht hat, durchfahren Autofahrer jetzt bequem in einer knappen Stunde – vorbei an den Stätten, über die sich einst der Heereszug des Feindes wälzte, hinweg über die im April 45 gesprengten, inzwischen wieder neugebauten Brücken über die Elbe, an deren Ostufer sich damals die Elendszüge der Flüchtlinge und die Trümmer eines geschlagenen Heeres stauten, wo die Soldaten, nach Jahren tödlicher Anstrengung in argloser Tugend, ihre Waffen niederlegten und ihr Koppel abschnallten, auf dessen Schloß GOTT MIT UNS geschrieben stand.

„Gottes Wege sind nicht unsere Wege und in der Weltentwicklung führt er auch durch verlorene Feldzüge zum Ziel.“ Erst im Rückblick begreifen wir den Sinn dieses Moltkeschen Wortes.

Die dunklen Wälder, die stummen Zeugen der Zeit, „da das Schwert durch das Land ging“ und die neunte Plage, die Finsternis, über uns war, sie stehen dort noch, die Felder werden bestellt und ruhig fließt die Elbe.

Ich kehre nicht dorthin zurück.

Erstes Buch Mose, 19. Kapitel: „Sieh nicht hinter dich, bleib auch nicht stehen in dieser Gegend.“

Das habe ich mir schon damals gesagt, als ich nach dem Ende des Krieges diese Gegend verließ und in dem zertrümmerten Land weiterzog. Es war ein strahlender Frühlingstag, und ich, ohne Bündel und

Bürde, war frei, frohgemut, grundlos heiter, denn ich war jung und da fühlt man sich in der Welt immer obenauf.

Nachklang

Eine Bedrohung kann erkannt, vom Bewußtsein aber nur observierend aufgenommen sein. Wenn es einem glückt, kühl zu bleiben, sich selbst nicht im Mittelpunkt, sondern auf einem Beobachtungspunkt und die Ereignisse detachiert zu sehen, löst man sich aus seiner Lage und erhebt sich über sie. Erst recht vergrößert sich die Distanz zum Erlebten in der Rückschau. Verblaßt ist meine Erinnerung an die unmittelbaren Eindrücke, an den Bann der Gewalten, an den Wirbel des Geschehens, verflogen sind die Stimmungen, die einst von Angst und Schrecken bis zu Übermut und jugendlicher Unbesonnenheit reichten und von Gleichmut bis zur Beklommenheit beim Anblick der Vernichtung und Verwüstung und der im Grauen um sich starrenden Menschen. Nur manchmal noch steigen ein paar Bilder in mir auf, die mich daran erinnern, daß die Sonne damals anders schien und die Nacht finsterer war als heute. Die Stimmung des Augenblicks aber läßt sich nicht nachempfinden, die der Gefahr in der Nähe, wenn alle Sinne bis zum äußersten angespannt sind, die der Nacht, wenn dunkle Schatten, die Stimmen des Windes und der Bäume und der Ruf der Eulen zu Phantomen werden.

Es war die Jagdzeit reißender Wolfsrudel und fleddernder Hyänen, ein Eindruck wie jener, der von der Edda überliefert ist:

> Kriegszeit und Mordzeit,
> Schilde spalten,
> Sturmzeit und Wolfzeit,
> Eh‘ die Welt fällt.

Zu meinen letzten Bildern vom Krieg gehört das einer Lerche, die über ein paar noch feuernden Geschützen flatterte und unbekümmert trillerte. Als der Krieg zu Ende ging, sah ich in der Ferne eine grüne Leuchtkugel in den Nachthimmel aufsteigen; sie stand dort eine Weile als einsames Licht, dann flackerte und erlosch sie. Irgendwo jaulte ein Hund. Die Dörfer und Gehöfte waren dunkel und wie ausgestorben, die Menschen verhüllten ihr Haupt. Unter dem unermeßlich weiten Firmament des Universums war tiefes Schweigen, die feierliche Stille einer Kathedrale, fern von dem Siegesjubel in der Welt.

Hinter mir zog sich ein Nebelstreif vor die Fülle der Bilder der Vernichtung.

Meine Erlebnisse damals nehmen sich nur wie ein paar Funken gegen die Feuersbrunst jenes Krieges aus. Immerhin hat er einen gelehrt, daß schon das nackte Leben eine Freude, Freiheit ein Geschenk und ein Stück Brot Wohlstand ist. Von daher war der Maßstab im Leben zu nehmen.

Indem ich ein letztes Mal hinter mich sehe, erkenne ich, daß erst der Blick in den Abgrund mich die Dimensionen und Proportionen dieser Welt erfassen, der mich die Dinge mit Abstand betrachten, der mich aber auch zum Hohen hinanschauen ließ.

Die Erinnerung an den Weltkrieg schwindet und mit ihr die reale Vorstellung davon. Wo es nun der für Krieg und Frieden verantwortlichen Politik an der Kenntnis der Natur des Krieges mangelt, muß mit Leichtfertigkeit und Irrung, mit Verlust und Niederlage gerechnet werden. „*War* is a powerful word“, warnte ein kundiger amerikanischer Senator vor dem Irakkrieg 2003. Sein Ruf wurde überhört, das Wort aber sollte in den Turbulenzen dieses Krieges noch lange nachhallen.

Betrachtung

Der anhaltenden Konfrontation mit der jüngsten Vergangenheit können wir das Schweigen vorziehen, wo nicht, wird es geboten sein, einen Standort auf dem Boden der Tatsachen einzunehmen, dies umso mehr, als das Geschehen noch nicht von den Verhüllungen und Verzerrungen, vom Trug der Zeit befreit ist.

Sie verstanden sich darauf, Macht darzustellen und sich in Szene zu setzen, die Machthaber des Regimes, so bei den Aufmärschen und Fackelzügen, bei ihren Auftritten in imposanten Arenen, wo sie lange Reden hielten. Der Pomp hob sie heraus. Nachher auf der Anklagebank graue Jammergestalten. Aschgrau war auch das Volk geworden, belastet mit der Schuld, den Nationalsozialismus selbst gewollt, ihn in breiter, begeisterter Schicht getragen und sein Abdriften ins Unheil von Anfang an geduldet zu haben.

„Guilty of our own disasters. " (Shakespeare, „King Lear").

„Ein Volk, von einem Trugbild geblendet, läßt sich leicht in sein Verderben verführen. " (Machiavelli, „Discorsi").

„Wehren muß man sich am Anfang", sagt das römische Sprichwort. In einem Bierlokal bei uns um die Ecke im Berlin der dreißiger Jahre saßen eines Abends zwei Arbeiter und schimpften nach altem Stammtischrecht über das Regime. Drei SA-Männer am Nebentisch überhörten sie und wollten sie festnehmen. Die Arbeiter waren von einer ausgezeichneten Derbheit: sie warfen die Parteigenossen kurzerhand aus dem Lokal. Nichts erfolgte daraufhin.

Wenn von Anfang, von der „Machtergreifung" an in jedem deutschen Bierlokal – jedes ein Parlament – Recht und Freiheit so energisch wie hier verteidigt worden wären, dann hätten die Dinge im Lande wohl anders ausgesehen.

Die Eltern waren mit Dr. Kurt Haberland befreundet, einem angesehenen deutsch-jüdischen Stadtplaner und Bauunternehmer in Berlin. Bald drangen die Schergen des Regimes gewaltsam in seine Wohnung ein und nahmen sich von seinen Kunstschätzen, was ihnen gefiel: „Sie werden ja wohl nichts dagegen haben." Zuletzt holten sie ihn selbst ab. Die Eltern bemühten sich vergeblich um seine Freilassung. Er starb 1942 im Konzentrationslager Mauthausen.

Daß diese Rechtsverletzungen, vom Angriff auf die Wohnung bis zum Zugriff auf die Person, von Leuten im Staatsdienst verübt wurden, brandmarkt diesen Staat als kriminell. Unbegreiflich ist, daß so viele Menschen eines Volkes, das doch immer auf Rechtschaffenheit gehalten hat, das der Welt darin geradezu ein Vorbild geworden war, sich zu so schändlichem Tun mit beflissenem Eifer hergegeben haben, ohne noch an das zu denken, was ihnen doch auch wohl von Vater und Mutter, Lehrer, Pfarrer und Gemeinschaft an Sitte und Moral beigebracht worden war, jene Gebote jedenfalls, die jeder kennt. Das Volk sah weg und jubelte weiter dem Diktator zu. Und doch empfanden viele Menschen Unrecht immer noch als Unrecht. In Berlin sah ich manche, die auf der Straße offen Sympathie für ihre Mitbürger mit dem Judenstern zeigten.

Der redliche Mann aus dem Volke hat auch damals recht genau gewußt, was gut und böse ist, aber der Anblick des Zwanges ließ ihn schweigen und gehorchen. Manipuliert von der Propaganda und angesteckt von der Stimmung des Kollektivs, riß ihn die Bewegung der Masse mit sich fort und so verfiel er mit dieser dem bösen Zauber und beging Verrat an seinem Gewissen.

Von den Schandtaten des Regimes war für das Volk manches offensichtlich, die volle Wahrheit blieb verdeckt. Die Leute raunten sich Gerüchte zu, ungläubig oder entsetzt und beklommen, meist achselzuckend, der Krieg mit den eigenen hohen Verlusten hatte die Gemüter abgestumpft. Von den Zuständen und Willkürakten her kam Unmut im Volke auf, mehr noch von den Niederlagen und den schlimmsten Befürchtungen. Aber es wurde durchgehalten, dafür sorgte die Diktatur. Und der Feind – man ahnte, was über das Land und Volk kommen würde, wenn der Krieg verloren ging.

Nach dem Kriege hat man die Bilder der organisierten Massenliquidierung zu sehen bekommen, jene Stätten, wo Gott allein die Toten zählte, die der Tyrannis zum Opfer fielen, weil sie dagegen oder auch nur weil sie anders waren, anderer Rasse, anderen Glaubens, anderer Überzeugung, anderer Gesinnung.

Der Massenmord von deutscher Hand hatte Dimensionen, wie sie die Willkür der Machthaber, und Regeln, wie sie die gründliche Verwaltung gab. Das die Welt Erschreckende an diesen Verbrechen lag nicht nur in ihrem Ausmaß, nicht nur in ihrer kalten Planung und Technik, es lag auch darin, daß sie von einer Nation begangen wurden, die als zivilisiert gegolten hatte. Lord Norwich: „Let us never forget it: the barbaric Nazis were ordinary Germans."

Der Frevel wird auf fernste Zeiten der Welt im Gedächtnis haften und mit dem deutschen Namen verbunden bleiben. Kriege haben sie alle auf dem Gewissen, davon, auch von Niederlagen, kann man sich wieder erholen, von der Schande nicht. „Grass grows quickly over a battlefield; over the scaffold never. " (Churchill).

„Verflucht sei der Acker um deinetwillen, mit Kummer sollst du dich darauf nähren dein Leben lang. " (1. Mose 3,17).

Es bleibt wahrlich genug, was gegen die Deutschen vorgebracht werden kann, doch muß auch gesagt werden, daß die Welt die Leiden des deutschen Volkes im Kriege kaum, wenn nicht gar mit Befriedigung wahrgenommen hat. Über seine Klagen gingen die Sieger wie über etwas Ungehöriges, ein Aufbegehren gegen die verdiente Strafe, hinweg. Ihre eigenen Verstöße gegen die Regeln einer gesitteten Kriegführung ignorierten oder vertuschten sie. Jeder, der einmal das „indiscriminate bombing" einer Stadt durch westliche Luftflotten, die Greuel östlicher Heere erlebt hat, kann die Kriegssünden der Sieger bezeugen.

Es ist besser, daß man über diese Dinge spricht, als daß man sie verschweigt, denn das würde bedeuten, daß man die Untaten als Regel hinnähme. Sie gegeneinander aufzurechnen, wie das oft geschieht, ist nicht angängig, wohl aber ist es notwendig, sie ausnahmslos aufzudecken und zu verurteilen.

Mit der Ausdehnung des Luftkrieges auf Städte, dem „Blitz" der Deutschen wie dem „area bombing" der Alliierten, wurde die ritterliche Unterscheidung zwischen Bewaffneten und Wehrlosen eingeebnet. Zu der Einsicht, daß der Übergriff auf die Bevölkerung ein Abstieg in die tiefsten Abgründe der Kriegführung war, unvereinbar mit der christlichen Moral der Pietät, kamen die Christenvölker erst nach der Tat, langsam nur. Anders verhält es sich mit dem Einsatz der

Bomberbesatzungen: die trugen ihr hohes Risiko, denn die Städte hatten einen Abwehrgürtel mit Kanonen und Jagdfliegern, sie wurden verteidigt. Insofern waren diese Luftangriffe ein kriegerischer Akt. Der Mord hat andere Kriterien.

Die Spielregeln eines gesitteten Kampfes, die nach dem Kriegsrecht im Westen gültig sind, waren in dem Krieg im Osten hinfällig. Man kämpfte dort nach härterem Gesetz als im Westen. Mit seiner schranken- und schonungslosen Gewaltanwendung auf beiden Seiten fiel jener Krieg in sein rohes Urelement zurück.

Was bei den westlichen Heeren als Ausnahme gilt, gehört bei den östlichen zur Gewohnheit: Plünderung, Vergewaltigung, Mordbrand, Sklaverei. Gefangene und Frauen werden der Kriegsbeute zugerechnet und wie Leibeigene nach Belieben vernutzt, mißhandelt oder getötet; so bei den Mongolenstürmen im Mittelalter, noch so in jüngster Zeit bei den Russeneinbrüchen in Afghanistan und im Kaukasus. Ein Tamerlan wird im Osten nicht moralisiert. Willkür und Grausamkeit bestätigen dort die Größe eines Herrschers.

In den letzten Tagen des Krieges kam ich an einem verlassenen deutschen Feldlazarett vorbei. Da lagen mehrere verkohlte, noch qualmende Leichen, die Körper durch die Hitze geschrumpft, die Glieder bizarr verkrümmt. Anwohner berichteten, daß die Russen diese bewegungsunfähigen Schwerverwundeten mit Benzin übergossen und bei lebendigem Leibe verbrannt hätten.

Doch selbst im Ostkrieg erhielt sich ein Zug von Menschlichkeit. Am Ostufer der Elbe sah ich einen Haufen ratloser, verzweifelter Flüchtlinge, die nicht über den Fluß in den Westen kamen, die Brücken zerstört, die Amerikaner auf dem Westufer abweisend. Daneben machte eine Gruppe russischer Soldaten Rast und teilte ihr frugales Mahl, das Salz und Brot, mit den Flüchtlingen.

Der besiegte Staat wurde getötet. Das Volk war in größter Not, erschöpft und in einem Zustand geistiger Verwirrung und seelischer Betäubung, der es hernach, als die ganze Wahrheit an den Tag kam, nicht fassen ließ, was geschehen war und was nun mit ihm geschah. Wie auch sollten die vielen unschuldigen, von dem Diktator und seiner Clique verführten, vom Regime irregeleiteten Menschen, die braven, einfachen Leute des Volkes, diese Gequälten, Geschändeten,

Beraubten, Vertriebenen – wie sollten sie dies alles begreifen, was über sie gekommen war?

Die Wirkungen des Krieges waren verhängnisvoll, die Veränderungen schnitten tief. Der entmachtete, entrechtete und geächtete Deutsche war nach der Niederlage ohne Freunde, ohne Forum in der Welt, er mußte schweigen.

Deutschland wurde verstümmelt. Die ursprüngliche Absicht der Sieger, es zudem zu zerstückeln, ließ sich nicht verwirklichen. Die Ost-West-Begegnung hatte zur Konfrontation und zum Streit der Sieger um die Kriegsbeute geführt. Die Deutschen hüben und drüben vollzogen den Zwiespalt mit gewohntem Gehorsam nach.

Der deutsche Klumpen sei zu groß, als daß er ganz zerrieben werden könnte, hatte Bismarck einmal gesagt. Und die deutsche Vitalität war nicht gebrochen, das zeigte sich beim Wiederaufbau im Westen: bei der altdeutschen Art, kräftig zuzupacken, blieb der Erfolg nicht aus. In wenigen Jahren brachte die Bundesrepublik es zu Wohlstand, ja Reichtum. Sie hatte sich aus Schutt und Asche erhoben, war eine mächtige Industriemaschine geworden. Eine eindrucksstarke Leistung. Die Welt staunte. Gemischt die Gefühle.

Da nun das Unterscheiden so mühsam ist, kann man nicht erwarten, daß die Welt differenziert über die Deutschen und den Nationalsozialismus urteilt, umso weniger, wo das nun schon bis zur Generation der Kindeskinder nachgetragene Verdikt in der Pauschale auf historischer Halbbildung und einem immer noch verzerrten Image vom Volk beruht. Gegen die weit verbreitete antideutsche Grundstimmung kann weder eine Politik der Trinkgelder noch ein Fußfall etwas ausrichten. Nach den deutschen Hieben naives Liebeswerben im Büßerhemd, das am Stacheldrahtzaun hängenbleibt.

Wenn Deutschland es trotzdem wieder zu internationalem Ansehen gebracht hat, so verdankt es dies seiner Bündnistreue, seiner politischen Bescheidenheit und dem „Made in Germany".

„Dankbar gegen seine Feinde gestimmt sein", sagt Nietzsche. Das gilt für den Sieger, dem die Feinde zum Ruhm verholfen haben.

Churchill sah ich einmal nach dem Kriege müßig am Lido von Venedig herumstehen. Als „war-lord" abgewählt und in den Urlaub getrieben, mag ihm zumute gewesen sein wie Shakespeares Percy, der, nachdem er ein halbes Dutzend Schotten umgelegt hat, über das langweilige Leben klagt.

In diesem Krieg brachen unterste Klüfte auf, Feindschaften und Leidenschaften von einer Schärfe und Härte, wie sie einst bei den Ausrottungskriegen wilder Stämme bekannt gewesen sind, aber kaum je zu monarchischen Zeiten, in denen das ritterliche Verfahren bei der kriegerischen Begegnung meist noch beachtet wurde. Es kam zu Exzessen, wie sie sich kein Ritter erlaubt haben würde.

Das deutsche Gewissen hatte zu dem Unrecht und den Untaten lange geschwiegen und so auch schwieg das Weltgewissen zur Vergeltung und zu den Exzessen. Aber das Unheil war doch derart, daß es die Menschheit in der Wurzel traf und den Menschengeist beängstigte und verunsicherte. Was da geschehen war, was da geschah, wes Hand auch immer es tat – es war des Menschen Ebenbild, es war das Erkennen der dunklen, der niedersten Triebe, des Wahnsinns in ihm, worüber er beim Anblick zutiefst erschrak.

Und doch leuchtete mancherorts ein Licht in der Finsternis, dort, wo das Menschliche trachtete, das Dämonische beim Feind, das Eigensüchtige beim Freund zu überwinden und inmitten des Unglücks und Verderbens einige Milde zu verbreiten. Wenn es bei der Natur des Menschen und den Gegensätzen in der Welt auch nicht realistisch ist daran zu glauben, so hofft man doch im stillen, daß von daher, von der inneren Stimme, von der Vernunft im Menschen, der offenbar unvermeidliche Streit in der Welt nach und nach sich mäßigen, der Krieg weniger roh und sittenlos, der Sieg weniger übermütig und selbstgerecht werde.

Es lag nicht in der Macht des Einzelnen zu verhindern, daß der Staat ihn in seinen Krieg hineinzog. Er konnte es als Schicksal begreifen oder auch als Prüfung, bei der es galt, den Anwandlungen von Furcht und Schwäche und den Anfechtungen des Anstands und Gewissens zu widerstehen. Blieb er fest, hatte er inmitten der Niederlage des Staates einen eigenen inneren Sieg errungen.

Nicht die Zeit heilte die Wunden, nicht der Reichtum, sondern die Verdrängung im Strome des Vergessens.

Die Grabhügel des Krieges verwehen und vieles, was früher das Volk im Innersten bewegte, verweht mit ihnen. Im Osten machten die deutschen Truppen auf dem Rückzug die Gräber ihrer Kameraden unkenntlich, auf daß die Ruhe der Toten vom Feinde nicht gestört, ihre Grabstatt nicht geschändet werde. Das neue Deutschland macht die Gefallenen unkenntlich, weil ihnen das Stigma des Regimes anhaftet. Es wendet sich ab von den Namenlosen, von dem Unbekannten Soldaten, dem, der da einst auf Verlorenem Posten stand, stritt und starb, „wie das Gesetz es befahl".

Für den Sieger war es ein gerechter und also sinnvoller Krieg, für den Besiegten ein sinnloser, jedenfalls nachdem er ihn verloren hatte. Der neue Zeitgeist präsentierte als politischen Sinn eine Mischung von Humanität und Moralismus plus zehn Prozent.

Der Krieg, sagt Clausewitz, ginge seiner Natur nach bis zum äußersten in der Anwendung von Gewalt, ohne daß es andere Schranken gäbe als die der bedingenden Umstände. Die historische Leistung des Rittertums ist, eine solche Schranke errichtet zu haben, indem die Ritterschaft, in dem Wunsch, den Kampf über die zoologische Ebene der Hordenwüterei zu erheben, Regeln der Gesittung durch Beschränkung im Streite setzte. Sie hielt darauf auch dort, wo auf Gegenseitigkeit nicht zu rechnen war. Vor allem wurde dabei zwischen dem bewaffneten und dem wehrlosen Feind unterschieden und den Wehrlosen und Schwachen Schutz geboten.

Von dem Erbe des Rittertums zehren die westlichen Heere noch immer, doch erscheint es fraglich, ob sich das moralische Niveau halten läßt. Die Bürgerkriege, Revolutionen, Religionshader, Rassenzwiste, Stammeshändel unserer Zeit kennen keine Regeln, Grenzen, Hemmungen. Diejenigen, die sich der Gewalt am rücksichtslosesten bedienen, geben dem Kampf das Gesetz. Dort versagt der Soldat. Er möchte die neuen Feuer nach den herkömmlichen Regeln löschen, er beschränkt sich – und scheitert. Eine halbe Politik zu einem halben Frieden hin vollendet die Niederlage.

Der klassische Krieg hat sein Ende erreicht. „*Irregular* warfare" ist jetzt in der Welt an der Tagesordnung. Die Bekämpfung der Aufstände hat nicht mehr den Charakter von Heereseinsätzen, sondern von Polizeiaktionen. Der unterste Grund wird aufgeschürft. Bedenklich ist, wenn durch den Kampf das an ethischen Werten zerstört wird, was ihn überhaupt nur sinnvoll macht.

Goethe im Harnisch: „Was ist Kultur anderes als ein höherer Begriff von politischen und militärischen Verhältnissen? Auf die Kunst, sich in der Welt zu betragen und nach Erfordern dreinzuschlagen, kommt es bei den Nationen an."

Es genügt nicht, den Krieg nicht zu wollen und mit Parolen gegen ihn zu protestieren, zu randalieren. Nicht dort liegen die wahren Quellen des Friedens, sondern im Ethos, in der Sittlichkeit gebildeter, zivilisierter Völker und ihrem Zusammenschluß durch die Annäherung, die Angleichung der Menschen im Weltstil des Denkens und Handelns und im Habitus. Dies zusamt ist die Substanz, woraus die Welt sich erhält.

Besonnenheit ist geboten. Es seien mehr die prüfenden als schaffenden, mehr die umfassenden als einseitigen, mehr die kühlen als die heißen Köpfe, denen wir unsere Sicherheit anvertrauen möchten – das ist die Ansicht von Clausewitz, eines klugen Durchdenkers von Machtfragen.

Was hat der Krieg uns gebracht? Die Frage läßt sich erst jetzt, mit dem Abstand davon, beantworten. Gebracht hat er uns Vernichtung, Zerstörung und Verdammung, bewirkt aber hat er postum die Heraufkunft einer neuen Ordnung, die Überwindung des Bannes der Nationalstaaten alter Prägung, die Öffnung der Grenzen und eine Versicherung von Recht und Freiheit.

Europa hat wieder die Einheit zurückgewonnen, die es einst besaß, damals, als Erasmus es von Universität zu Universität bereisen und sein Geist überall frei walten konnte. Und die Welt beginnt, sich als ein planetarisches Ganzes zu begreifen.

In Memoriam

Georg v. Schweinitz

1940 als Fähnrich und Zugführer in einem Infanterieregiment seiner Verwundung an der Aisne in Frankreich erlegen

Hans Hermann Graf v. Schweinitz

1940 als Oberleutnant und Führer einer Kampfstaffel der Luftwaffe über England vermißt

Joachim v. Schweinitz

1941 als Leutnant der Reserve und Ordonnanzoffizier im Stab einer Panzerdivision vor Karthago in Nordafrika vor dem Feind geblieben

Friedrich v. Schweinitz

(Bruder des Georg), 1941 als Hauptmann und Verbindungsoffizier bei einer rumänischen Infanteriedivision in Bessarabien gefallen

Hans Graf v. Schweinitz

1943 als Leutnant d.R. und Vorgeschobener Beobachter eines Artillerieregiments bei Orel in Rußland gefallen

Christoph v. Schweinitz

(Bruder des Georg und Friedrich), 1943 als Hauptmann und Bataillonsführer in einem Infanterieregiment am Donez in Rußland gefallen

Eberhard Graf v. Schweinitz

(Bruder des Hans), Herr auf Krain in Schlesien, 1943 als Hauptmann d.R. und Bataillonsführer in einem Infanterieregiment am Dnjepr bei Smolensk in Rußland gefallen

Erich Graf v. Schweinitz

Letzter Herr auf Hausdorf-Dieban in Schlesien, 1945 zu Hausdorf freiwillig aus dem Leben geschieden

Guido Graf v. Schweinitz

Letzter Herr auf Berghof in Schlesien, 1945 auf der Flucht durch Böhmen von Tschechen erschlagen

Wolfgang v. Schweinitz

Generalmajor außer Dienst, 1945 von Russen verschleppt und in Rußland verschollen

Hans Ulrich v. Schweinitz

Leutnant d.R., 1947 in russischer Kriegsgefangenschaft gestorben

Adam v. Trott zu Solz

Legationsrat, 1944 wegen seiner Beteiligung an der Verschwörung gegen Hitler hingerichtet

Lothar Freiherr v. Biedermann

Dr.jur. et rer.pol., Oberregierungsrat, Major d.R., 1945 in Berlin von Russen erschossen

Meinhard Graf v. Lehndorff

1940 als Fahnenjunker und Spähtruppführer in einer Aufklärungsabteilung vor Maubeuge in Frankreich gefallen

Ahasverus Graf v. Lehndorff

1941 als Oberleutnant und Kompanieführer in einem Infanterieregiment in Estland gefallen

Georg Graf v. Lehndorff

(Bruder des Meinhard), 1943 als Rittmeister und Führer einer Aufklärungsabteilung vor Leningrad in Rußland gefallen

Heinrich Graf v. Lehndorff

(Bruder des Ahasverus), letzter Herr auf Steinort in Ostpreußen, Oberleutnant d.R. und Ordonnanzoffizier im Stab der Heeresgruppe Mitte, 1944 wegen seiner Beteiligung an der Verschwörung gegen Hitler hingerichtet

Heinfried Graf v. Lehndorff

(Bruder des Meinhard und Georg), letzter Herr auf Januschau in Ostpreußen, 1945 auf dem Treck nach dem Westen von Russen erschossen

Maria Gräfin v. Lehndorff

geb. v. Oldenburg-Januschau (Mutter des Meinhard, Georg und Heinfried), 1945 auf dem Treck nach dem Westen von Russen erschossen

Hans Werner Graf Finck v. Finckenstein

1942 als Leutnant d.R. und Stoßtruppführer in einem Infanterieregiment am Kaukasus in Rußland gefallen

Conrad Graf Finck v. Finckenstein

(Bruder des Hans Werner), 1943 als Oberleutnant und Schwadronsführer in einer Aufklärungsabteilung am Don in Rußland gefallen

Bonaventura Graf Finck v. Finckenstein

(Bruder des Hans Werner und Conrad), 1945, kurz vor Kriegsende, als Rittmeister d.R. und Führer einer Aufklärungsabteilung bei der Verteidigung seiner ostpreußischen Heimat im Kessel von Heiligenbeil verwundet und, entschlossen, nicht lebend den Russen in die Hände zu fallen, sich erschossen

Sie wurden eins mit der Erde, um die sie gekämpft hatten,
ihre Gräber zergingen in Wind und Dämmern, namenlos,
unbekannt, irgendwo auf dieser, unser aller Erde

Grenzgänge

Vom Westen, von Offleben in Niedersachsen aus, wo ich mich bei Verwandten eingefunden hatte, habe ich mich kurz nach dem Krieg noch zweimal über die „grüne Grenze“ in die dann sowjetische, noch nicht ganz dicht gemachte Besatzungszone vorgewagt. Das erste Mal, um dort bei einem mit den Verwandten befreundeten Bauern Verpflegung für sie einzuholen. Die Grenze war durch Schilder markiert, Stacheldraht war noch nicht gezogen und die russischen Posten waren abgerückt, man hörte sie im nächsten Dorf grölen.

Ich spazierte in der Abenddämmerung über die Grenze und weiter zu dem Bauern, der mich mit einem Koffer voll Viktualien befrachtete. Als ich mich anderntags wieder der Grenze näherte, traf ich auf ein Häuflein Flüchtlinge, ein Mann und zwei Frauen, die mir erzählten, daß sie versucht hätten, über die Grenze in den Westen zu kommen, dabei aber von russischen Posten beschossen worden seien und vor ihnen hätten fliehen und sich im Gebüsch verstecken müssen. Die verschreckten Leutchen baten mich flehentlich um Hilfe. Mir war Anhang lästig, doch erklärte ich mich bereit, sie über die Grenze zu führen. Ich stellte meinen hinderlichen Holzkoffer bei ihnen ab und ging zunächst allein vor, um eine Lücke zwischen den russischen Postierungen zu erkunden, fand sie auch in einem Moorwald und schleuste dort bei Dunkelheit die Gruppe und mich selbst sicher nach dem Westen durch.

Bei meiner Rückkehr nach Offleben stellte ich fest, daß die Weggenossen meinen Koffer während meines Erkundungsganges ausgeraubt hatten. Damit der Gewichtsverlust nicht auffiel, hatten sie ihn mit Erde und Steinen gefüllt, eine Butterblume obenauf.

Ein Ärgernis. Das Unternehmen selbst aber war nach meinem Gusto. Das vegetative Dasein langweilte mich, ich wollte Abenteuer erleben, mit der Gefahr spielen, ihr meinen Trumpf aufsetzen – mich näher noch kennenlernen. Die Begegnung mit ihr erinnert daran, daß Mut eine Kardinaltugend und ein klarer Kopf eine Kardinalfrage ist. Sportsgeist inspiriert das Unterfangen. Selbst Poeten greifen da zur Feder – Schiller: „Eines Mannes Tugend erprobt allein die Stunde der

Gefahr“; Goethe: „Vergnügen sucht der Mann sich in Gefahren“. Bisweilen allerdings vergeht es ihm.

Der an sich gute Ausgang des Ausfluges ermunterte mich, gleich wieder loszuziehen, diesmal um meine im Internat Grovesmühle zurückgelassenen Sachen zu holen, die Schuhe vor allem, denn mittlerweile ging ich schon barfuß. Der Grenzgang erforderte einige indianische Geschicklichkeit. In dem verlassenen Internat fand ich in meinem Spind noch ein paar Sachen vor, sogar die Schuhe. Auf dem Rückweg wurde ich durch Verrat eines Bauern in meinem Tagesversteck in seiner Scheune von einer russischen Grenzstreife aufgestöbert, festgenommen, zur Kommandantur gezerrt, in ein stockdunkles Kellerverlies geworfen, am nächsten Tag hervorgeholt und dem Kommissar vorgeführt, der den Fall mit den Worten entschied: „du faul in Scheune, jetzt du werden lernen gutt kommunisti Arrbeit in Sibirr“, mich dann aber in seiner Wodka-Laune plötzlich freiließ. Nur die Schuhe nahm er mir ab.

Ich dachte an diese Episode, als ich mir kürzlich ein Paar neue Schuhe kaufte, in einem der vielen Schuhgeschäfte in der Stadt, wo Schuhe von bester Qualität und aller Art und Sorte in Menge zur Auswahl ausliegen und ich dafür nur mit Geld, aber nicht mit einem Stück Freiheit zu bezahlen brauchte.

„Freiheit!“ – so ruft es der Herzog von Alba in Goethes „Egmont“ aus – „ein schönes Wort, wer‘s recht verstünde.“

Die große Frage war: was nun, wie soll es weitergehen? Aus der Bahn geschleudert, fand ich mich hernach schwer in den Alltag der Land- und Forstarbeit hinein. Der Ansturm der Bilder war stark gewesen, nun war Stille im Land und Schweigen im Volk. Unter dem Eindruck der Zeit beurteilte ich die Lage negativ, eine Zukunft in unserm Land, das Ruine war, nicht nur auf der Kruste, schien mir ziemlich aussichtslos. Die Eltern waren in der Ferne, hilflos, mittellos. Der Vater, in Kriegsgefangenschaft in England, gab mir auf rationierten und zensierten Karten Ratschläge: „Landwirtschaft gutes Essen, Handwerk nützlich, Autoschlosser, Elektromechaniker.“ Schrauben richtig eindrehen – eine Kunst, nicht meine Begabung. Die einstweilen beste Lösung schien mir die, übertriebene Forderungen an den Zufall zu stellen. Eine Chance aber, in den Gang der Dinge einzugreifen, mußte man ihm schon geben: durch Bewegung.

Mich zog es in die Welt hinaus, zunächst nach Italien, wo die Mutter und Schwester hängengeblieben und in Not waren. Hierzu waren drei Grenzen zu passieren: eine Zonengrenze und zwei Landesgrenzen, diese schwarz, für Deutsche gesperrt.

Ohne Geld, Paß und Gepäck und ohne Fahrkarte in Holzminden in den Zug nach Kreiensen eingestiegen. Dort umgestiegen in den Zug nach München. In Eichenberg, Grenzstation der amerikanischen Besatzungszone, alles aussteigen und auf dem Bahnsteig zur Ausweiskontrolle durch die amerikanische Militärpolizei antreten. Ich stieg auf der anderen Seite aus und nach der Zugkontrolle wieder ein.

Durchgefahren bis München.

Zum Zug nach Mittenwald. Auf dem Bahnsteig eine besonders gründliche, weil deutsche Polizeikontrolle. Ich kletterte unbeobachtet in den unbewachten offenen Postwagen hinter der Lok und von dort aus auf der anderen Seite herum in den Personenwagen dahinter.

Durch bis Mittenwald.

Dort nachts zu Fuß auf einem mir von einem Ausbildungslager her bekannten Schleichweg die Grenze nach Österreich ungehindert überschritten. Drüben für Freifahrt plus Wurstbrot als Fuhrknecht auf einem Bauernwagen bis nach Innsbruck mitgefahren.

In Innsbruck wieder als blinder Passagier einen Bummelzug nach dem Brenner bestiegen. An der letzten Station vor der Grenze stieg vorn die österreichische Grenzpolizei zur Kontrolle ein. Ich zog mich auf den Puffer des letzten Wagens zurück und sprang dann nach der Abfahrt auf der Böschung ab.

Von dort aus zu Fuß weiter, Aufstieg zum Brenner auf abseitigen Pfaden. Orientierung nach Sonne, Polarstern und Moosbewuchs. Oben frische Luft, sonst nur kahle Höhen und einsame Bergwelt. Plötzlich erschien auf der nächstgelegenen, aber ziemlich fernen Kuppe eine italienische Grenzstreife. Sie hielt mich offenbar für verdächtig, für einen Schmuggler oder Banditen vielleicht, und signalisierte mir durch Gewehranschlag stehenzubleiben. Ich war aber nicht geneigt, meine lange Reise hier durch eine Festnahme enden zu lassen, hielt nicht inne, sondern schritt geradewegs auf dem deckungslosen Gelände weiter. Ein Warnschuß, die Kugel schlug dicht neben mir ins splitternde Gestein und surrte als Querschläger ab. Drüben Palaver – vielleicht daß ich, so ohne Waffe und Gepäck, denen bei näherer Betrachtung durch das Fernglas doch eher als ein harmloser Wanderer erschien, wohl mehr noch, weil ich ihnen zu unbequem weit weg war, jedenfalls winkten sie mich auf einmal mit freundlicher Gebärde weiter, hinein nach Italien, wo nach Goethe „die Zitronen blühn und die Goldorangen glühn“.

Globetrotting

Italien

Das Pflaster im Italien der wirren Nachkriegszeit war holprig. Ich war dort Karrenschieber und, nach Landessitte, Schwarzhändler, dann „corrispondente“, Büroskribler.

Ob Diktatur, ob Demokratie: Italien blieb sopratutto italiano. Etwa so wie jener kommunistische Bürgermeister, den ich bei einer Prozession in Bologna sah, wo er, angetan mit dem nationalfarbenen Amtsband, das Marienbild trug. Oder wie jener mir bekannte italienische Monsignore, Sekretär im Vatikan, der aus lauter Büchern, die auf dem Index standen, frei zitierte und auch ganz ungeniert den Frauen nachstieg.

Ein lieblich Land, charmant das Völkchen, mir aber doch etwas zu temperamentvoll, und so folgte ich dem Beispiel von Tobias Knopp bei Wilhelm Busch: „Bald verläßt er diesen Ort und begibt sich weiter fort.“

Argentinien

Ein Land mit viel platter Pampa, Rindvieh und kleinen, behenden Pferden, auf denen nicht nur polospielende Caballeros und Gauchos, sondern auch die Bettler saßen. Das Ambiente war spanisch, südamerikanisch war die Übung, umständliche und teure Wahlen durch rationelle Militärputsche zu ersetzen.

Das Geschäftsleben, an dem ich parterre partizipierte, belebte der Spruch Salomos 17, 8 – „Bestechung ist wie ein Zauberstein dem, der sie gibt“. In Südamerika bekennt man sich offen dazu, nicht ohne Logik: „Wie soll jemand für andere sorgen können, wenn er noch nicht einmal für sich selbst sorgen kann?“

Die eingewanderten Europäer lebten in ihren Kolonien. Die alteingesessenen Deutschen sangen zu Kaisers Geburtstag am 27. Januar „Heil dir im Siegerkranz“, die Neuankömmlinge folgten am 20. April im „Deutschen Eck“ mit einem kräftigen „Sieg Heil auf Führer, Volk und Vaterland“.

In Argentinien wollte ich nicht bleiben, das Land war mir zu abseits und das Tangogedudel zu laut. Und so verließ ich diesen Ort und begab mich weiter fort.

Amerika

„How much money have you got?“ fragte mich der Immigration Officer an der Pier in New York. – „Hundred dollars.“ – „That's plenty for a start. Good luck!“ – und damit gings ab durch das Einwanderungstor mit dem Spruch „Conform or Starve“, hinein in die Neue Welt. Ich fühlte mich wie Kolumbus, denn damals war Amerika von uns Deutschen noch nicht entdeckt, gerade nur von den ungeratenen Söhnen, die man nach dorthin abzuschieben pflegte.

Kaum war ich ein paar Schritte gewandert, schon hielt ein von diesem unamerikanischen Tun beunruhigter Autofahrer an und fragte, ob ich Hilfe brauche. Diese hilfsbereite Art war der eine mir gleich auffallende Wesenszug der Amerikaner.

Der andere war ihr Geschäftssinn. „The chief business of the American people is business“, so ihr früherer Präsident Coolidge. So auch Churchill: „The social life of the United States is built around business.“ Eine populäre Variante ihres Footballs.

Mein Aufstieg zum Businessman ließ sich schwer an. Da ich weder gute Beziehungen noch eine akademische Bildung, noch eine Fachqualifikation vorweisen konnte, mußte ich von ganz unten anfangen. Immerhin läßt sich ein gewisser Fortschritt am Gebrauch der Transportmittel ablesen: Angekommen in New York auf einem alten Liberty-Frachter, als angeheuerte Deckhand im Ölzeug; nach ein paar Jahren zurück nach Europa als Passagier im Zweireiher und mit eigener Kabine auf dem Ozeandampfer „United States“.

Erst einmal Amerika entdecken, und so fuhr ich als Trittbrettfahrer auf Güterzügen quer durchs Land, trampte herum bei Farmern, Schrotthändlern und Indianern, wusch Autos, putzte Fensterscheiben, schlief unter Bäumen und genoß meine Freiheit.

Ich fand bald feste Arbeit, als „cargo worker & rampman“ auf dem Flughafen Newark, schaffte mir ein altes Auto an und schon war ich wer – ein Selfmademan.

Alles war überdimensional in diesem Land, nichts war kleinkariert. Die Kraft der Nation kommt aus dem „American spirit", dem Willen des Einzelnen, sich aus eigener Kraft hochzubringen, dem Unternehmergeist mit dem „can do"-Optimismus. Das erfaßt jeden, der in die Neue Welt einwandert. Erst wenn man unter Amerikanern gelebt hat, versteht man ihre in ungerodeter Großräumigkeit gewachsene andere Art und Denkweise, das Amalgam von Eigenständigkeit und Gemeinschaftssinn, von Goldgräbermanie und Freigebigkeit, von Realismus und missionarischem Idealismus.

Amerika war standardisiert. Uniformität überall, Habitus und Habitat, Herzlichkeit und Höflichkeit, Konversation auf der Basis von „Reader's Digest", der harte Geschäftston – überall gleich, wo man auch hinkam.

Ein Volk von „Gleichheitsflegeln", wie Heine es nannte? Der Dollar hebt die Gleichung auf, er läßt Giganten wachsen. Der Sozialbau hat viele Stockwerke. Die klassenlose Gesellschaft ist kein amerikanischer Traum, sondern eine amerikanische Notlüge. In der „classless Society" sang Frank Sinatra den Schlager „High Society" und Louis Armstrong „Black and Blue" und in den Kirchen dankte Amerika Gott für die profitable Kapitalinvestition in sein Lieblingsland und versprach ihm eine gute Rendite. Der weltliche Heiland wird an der Börse notiert.

Angefangen hatte ich als Arbeiter bei United Air Lines: im Bauch der Flugzeuge, der Raum so beengt, daß man, auf dem Rücken liegend, die zu verstauenden Postsäcke von der Ladeluke nach vorn quer über sich hinweg schieben mußte. Einmal hat man mich dort aus Versehen eingeschlossen; hätte man es nicht noch kurz vor dem Abflug bemerkt, wäre das in dieser Außenzelle mangels Sauerstoff in der Höhe mein unzeitiges Ende gewesen, so daß ich in meiner Erzählung jetzt nicht hätte fortfahren können.

Die Fortbildung war aus der eigenen Tasche zu bezahlen. Ein Kursus an der Harvard Business School half mir auf. Ich wurde Liliputmanager in dem Giganten U.S. Steel, auf dem zwölften Stock eines Wolkenkratzers an der Park Avenue in New York – in einem drehbaren Kunstledersessel mit Armlehne.

Allmählich aber begann ich doch zu vermissen, was die alte Welt zu bieten hatte, in Amerika aber nicht zu finden war, winklige alte Bücherstuben, schiefe Häuser und Badewannen zum Beispiel. Das amerikanische Modell, das Europa inzwischen so begeistert übernommen hat, hat seine starken und schwachen Seiten: „Newspapers too thick, lavatory paper too thin." (Churchill).

Ein schönes, großes, freies Land, dieses Amerika, so hat es damals wohl jeder Einwanderer aus dem zerstörten Europa empfunden, freilich zunächst recht fremd, als sei man nicht nur in einem anderen Land, vielmehr auf einem anderen Planeten gelandet. Da es dort keine alten Schlösser mit Gespenstern in Ritterrüstung gab, so verließ ich auch diesen Ort und begab mich weiter fort.

Exkurs

Eine Nation, die so verschiedenartig zusammengesetzt und vielfältig gestaltet ist wie die amerikanische, läßt sich nur durch einen Blick in ihre Geschichte und Politik in ihren Merkmalen erkennen. Amerika bedurfte einer starken vereinigenden Kraft, um überhaupt eine Nation zu werden. Dieses Einigungswerk vollbracht zu haben, das ist seine große historische Leistung. Europa hat das Kulturgut des Altertums und Mittelalters in seiner Erbschaft, Amerika hat seine Verfassung und seine historischen Dokumente wie die Unabhängigkeitserklärung und die großen Reden seiner großen Staatsmänner, denen in Washington die *Memorials,* die weißen Marmortempel geweiht sind. Und es hat das, was alle übrige Welt nicht hat: „The American Way of Life". Dies zusamt ist das Fundament, worauf Amerika baut.

Das amerikanische Volk mißtraut der Staatsmacht. Die Verfassung des Staates ist danach konstruiert, Macht durch Gegenmacht zu hemmen. Außenpolitik macht der Präsident, sie ist das Reservat der Exekutive. Der Congress ist nichtverantwortliche Opposition, er kontrolliert und behindert den Präsidenten. Der spielt den Sheriff von „High Noon", das amerikanische Idol des starken Mannes: einer gegen alle, für Macht und Ordnung.

Amerikaner beurteilen und prognostizieren die Vorgänge nicht nach historischen Vorgaben, sondern rein faktisch, auf der Grundlage meßbarer Realitäten, ohne Hintergrund. Die Geschichtslosigkeit in

Weltfragen, die ihnen nachgesagt und gelegentlich nachgewiesen wird, erklärt sich aus ihrer Konzentration auf das Gegenwärtige und Zukünftige, wie sie sich in der Pionierzeit notwendig ausgebildet hat. Das immer Neue im amerikanischen Leben verdrängte das Vergangene. Empirische Lehren daraus ziehen, ist ihnen bei ihrem Drang zu raschem Fortschritt fremd. Die Folge davon ist, daß sie oft zweimal irren, wo einmal genügt hätte.

Ihre Philosophie ist den Amerikanern ein Mittel zum praktischen Gebrauch. Ihr Pragmatismus schert sich wenig um Prinzipien. Im Sezessionskrieg (1861-65) ging es nicht unmittelbar um die Abschaffung der Sklaverei, sondern primär um den Bestand der Union. In den Indianerkriegen (19. Jahrhundert) war nicht der Friede im Land das Ziel, sondern die Landnahme. Im spanisch-amerikanischen Krieg (1898) war nicht der Isolationismus mehr vorherrschend, sondern ein kolonialer Imperialismus. Im Ersten Weltkrieg war es Amerika vordergründig um die Freiheit der Meere und die Demokratie zu tun, hintergründig um den Konjunkturauftrieb und die Kreditsicherheit.

Westwärts! – das war die Parole in Amerika, durch den Kontinent zur Westküste, mit dem Blick auf den Pazifik, nach Ostasien. Der Pazifik war ihm wichtiger als der Atlantik. Der Traum von einem Inselreich im Pazifik und einem offenen Markt in Ostasien ist es, der in der Geschichte Amerikas immer wieder in Erscheinung tritt, der seine abenteuerlichen, merkantilistischen, missionarischen und imperialistischen Ambitionen inspirierte. Immer wieder hat Amerika dem Pazifik den strategischen Vorrang vor Europa gegeben, so bei der Annexion der Inseln im Pazifik, so im Zweiten Weltkrieg, so hernach bei den Interventionen in Ostasien.

Jede Auswanderung der Europäer nach Amerika war eine Flucht aus Protest gegen Europa gewesen. Sie kehrten Europa den Rücken. Davon ist ein antieuropäischer Zug in der amerikanischen Politik und Volksstimmung geblieben. Das stolze Europa hat die Ablehnung nie wahrhaben wollen. Immer noch die alte Selbstüberschätzung? Immer noch die Illusion, das wahre „Reich der Mitte" zu sein?

Dienstzeit

Die Sieger hatten im Frieden nicht mehr zusammengehalten, sie waren uneins, dann feindlich miteinander geworden, was sie bald schon dazu bewegte, um die Gunst des Besiegten zu werben. Die Deutschen waren Nutznießer und Opfer der Entzweiung der Sieger und der Zweiteilung der Welt, eben noch Feind, verfemt, in Acht und Bann, wurden sie zum Bundesgenossen der Siegermächte auf beiden Seiten. Damit aber wurden sie zugleich in den Kalten Krieg hineingezogen, machtlos, exponiert durch die Spaltung des Landes und seine nach Osten offene Grenzlage, belastet durch die politische Vormundschaft der Sieger.

In der Bundesrepublik Deutschland der fünfziger Jahre war noch viel innere Ruine, aber sie war etabliert, der Betrieb funktionierte, das Geschäft florierte. Westdeutschland war zu einer der größten Industriemächte in der Welt aufgestiegen. Die Deutschen hatten ihre Kräfte auf Erwerb, auf die Produktion von Wohlstand konzentriert, sie hatten nie besser gearbeitet, fest entschlossen, sich wieder hochzubringen. Ohne die Mitwirkung der westlichen Welt wäre dies freilich nicht möglich gewesen. Die Bundesrepublik hatte sich eng an sie angeschlossen und im amerikanischen Machtbereich „feste Geländer und Deiche" gefunden. Macht erstrebte sie nicht, vielmehr das Aufgehen der deutschen Souveränität in einer europäischen – eine Tarnkappe, einen Identitätswechsel, ein neues Leben unter anderem Namen.

Mit der Leistung kam das Geld, mit dem Geld die Inpflichtnahme. Phäaken wollten die Alliierten nicht beschützen. Die Bundesrepublik hatte Streitkräfte aufzustellen und sie in den Nordatlantikpakt einzubringen. Sie besorgte das prompt und zügig, man war da noch in Übung. Nur zehn Jahre her, da hatten sich die Sieger noch verschworen, Deutschland auf ewig entwaffnet am Boden zu halten. Der Kalte Krieg und der Koreakrieg hatten die Wende gebracht. Wir hatten wieder anzutreten. Die Bundesrepublik zog daraus den politischen Gewinn, nun auf der internationalen Bühne auftreten und mitreden zu können, gedämpft die Stimme.

Noch immer verfolgte unser Volk das Trauma des Krieges. Man sah die Bilder ihrer Ankunft im Entlassungslager Friedland: die von den Jahren in russischer Kriegsgefangenschaft gezeichneten Spätheimkehrer, die stumme Ergriffenheit beim Wiedersehen der Familie, im Hintergrund Frauen mit Suchschildern, darauf die Namen der verschollenen Ehemänner und Söhne, Väter und Brüder.

Das Volk hatte die Heimholung aller in Rußland noch festgehaltenen deutschen Kriegsgefangenen verlangt, Adenauer hat das bei den Russen mit zäher Beharrlichkeit durchgesetzt. Der Staatsmann hatte die Soldaten nicht im Stich gelassen, er hat sie herausgepaukt, Treue mit Treue vergolten und damit Vertrauen geschaffen zwischen uns, die wir uns um die Fahne scharten, und dem Staat, der die Treuepflicht auf sich nahm. Das war das Wesentliche.

Abgesehen vom Drang nach der Dornenkrone von Amt und Ehre bewegte mich der Wunsch, am Wiederaufbau der deutschen Streitkräfte beteiligt zu sein, dazu beizutragen, unsern bedrohten Staat wehrhaft und damit bündnisfähig im Westen und standfest gegen den Osten zu machen. Ein weiteres Vorschieben des Ostblocks nach Westen lag durchaus in der Möglichkeit, eine sondierende militärische Provokation in der Wahrscheinlichkeit.

Schwer der Anfang, ernst, aber gehoben die Stimmung: die hohe Verpflichtung auf die Verfassung, auf den Staat und das Volk, die große Aufgabe, unsern Staat wehrfähig zu machen. Wenn die Waffenmannschaften zur Heeresübung aufbrachen, Legionen gepanzerter Truppen sich in Bewegung setzten und der Strom sich zu Heersäulen formierte, von leitender Hand zum Ziel geführt, dann löste sich das Persönliche auf in dem gemeinsamen Willen zu Schutz und Trutz und man empfand die Bedeutung, die der Geist des Heeres für die Sicherheit und den Stand des Staates hat.

Die deutsche Wehr verfehlte nicht, Eindruck auf Freund und Feind zu machen. Jener schätzte sich glücklich, uns in seinen Reihen zu haben, dieser, der die Wehrmacht nur allzu gut noch in Erinnerung hatte, ging nun etwas vorsichtiger mit unserm Staat um. Wir wirkten abschreckend auf Iwan Annexowitsch. Das genügte.

Meine militärische Karriere verlief nach dem üblichen Schema: Truppendienst, in der Kaserne, wo die „des Dienstes immer gleichgestellte

Uhr“ waltete, und auf Übungsplätzen, wo Staub, Schlamm und Eis ideale Übungsbedingungen boten, auch Stabsdienst, Auslandkommandos und Verwendungen als Kommandeur. Ich hatte allerdings den Vorteil, in den kleinen Kreis der Auserwählten aufgenommen zu werden, die im Tempel der strategischen Weisheit die Weihen des Generalstabes empfingen und denen sich damit die höhere militärische Welt eröffnete. Nicht ohne Schinderei.

Der Dienst im Generalstab gab Einblick in die Staatskunst der Politik und ihrer ministeriellen Kanzleien. Wurde der Friede zu friedlich, fiel man übereinander her: „Und des Menschen Feinde werden seine eignen Hausgenossen sein.“ (Matth.10,36). Streitbare Räte ritten auf Prinzipien herum, andere nickten mit dem Kopf, hatten aber rege Hintergedanken. Die politische Leitung schwörte auf ihren Phrasenschwindel. Aber der Staatsapparat lief, er ist eben eine robuste Maschine, die auch dann noch läuft, wenn der Sand im Getriebe schon laut knirscht.

Im eigenen Haus wurde deutsch miteinander geredet. In der Öffentlichkeit artete die deutsche Diskussionslust leicht in einen polemischen, mit Verbalinjurien gespickten Disput aus, der Intoleranz und einen noch nicht durchdemokratisierten politischen Debattierstil offenbarte. Auswärts hatten wir „die Garantie der Schüchternheit, daß wir niemals eine Meinung äußerten, bevor die Andern gesprochen hatten“ (Bismarck).

Die Aufgabe der militärischen Führung, politischen Kreisen über das Stadium einer blassen Vorstellung vom Wehrwesen hinwegzuhelfen, wird erschwert, wenn sie mit Vorurteil und Emotionsaufwallung der Individuen und Parteien zu kämpfen hat. Es kam zu Auseinandersetzungen, die für das Militär in respektvoller Opposition gewöhnlich bei Lukas 6,29 endeten: „Und wer dich schlägt auf eine Backe, dem biete die andere auch dar.“ Der Primat der Politik war rüttelfest und allumfassend gesichert, auch Türsteher, ministerielle Tafeldecker und regierende Vorzimmerdamen von Abgeordneten bezogen ihn auf sich.

Im Bündnis war unsere Lage etwas delikat, auch waren wir dem Druck des amerikanischen Diktats in besonderem Maße ausgesetzt, doch alldem zeigte sich unsere Politik durch ihre Fähigkeit zur beflissenen Anpassung gewachsen. Als Deutscher Militärischer Vertreter im Obersten Alliierten Hauptquartier mußte ich einsehen, daß ich von ihr eine Rückendeckung nicht erwarten konnte.

Das Bündnis hat uns beschirmt. Nebenbei hat es uns aus dem provinziellen Denken herausgebracht und unsern Horizont um einige Längen- und Breitengrade erweitert. Einst deutschnational, nun Weltbürger – mitverantwortlich für eine sittliche Weltordnung.

Militärs

Endlos wurde darüber diskutiert und theoretisiert, wie das neudeutsche Wehrprodukt der Bundesrepublik beschaffen sein sollte, der demokratische Soldat, der Staatsbürger in Uniform, wie die Politik ihn in ihrer heiklen Lage damals brauchte, er ihr ohnehin als Traumbild vorschwebte, kein Krieger mehr, sondern ein Friedenssoldat auf Wacht. Die Replik auf die gewaltsame Provokation der inzwischen ausgebrochenen Weltrevolution erfordert einen neuartigen Soldatentypus. Auf die kriegerische Tugend wird man nicht verzichten können, soll er ernst genommen werden.

Unsere Streitmacht war damals eine halbe Million Mann stark. In diesem großen Haufen fand man ein vollständiges Sortiment an Typen, das vom Mann mit Bildung und Verstand bis zu dem ohne viel Spur davon reichte, vom ruhigen, entschlossenen, tüchtigen Führer bis zu dem, der glänzend auftrat und laut redete, in der Krise aber den Kopf verlor. Manch verkannte Inkapazität wurde gefördert und manch talentierter Intrigant, auch manch penetrante Primadonna, die das so beliebte und bewunderte Führen mit Theatereffekt vorspielte. Viele dienten dem Staat in nobler Pflichterfüllung, viele sich selber, mit der Pflichtschürze davor, so oder so zu beiderseitigem Nutz und Frommen; wie in jeder Organisation, das Ganze aber besser zusammengehalten durch straffe Gürtung, rustikale Frische, Kameradschaft in Wind und Wetter und Sinn für Humor, im übrigen Volkskörper nicht allzu häufig.

Der klügste Kopf auf der Hochebene war der General Dr. v. Senger. Sein rundum gebildeter Geist erfaßte die großen wie die kleinen Verhältnisse, von der Strategie bis zur Truppenpraxis und Technik. Er beherrschte die Führungskunst und war mithin als Oberbefehlshaber der Alliierten Streitkräfte in Mitteleuropa richtig plaziert. Ein „Cardinal in politicis“ war er nicht, und so ging dem Staat ein kluger Generalinspekteur verloren.

Der Leuchtturm der Infanterie war ihr Inspizient, General Ritz. Aus der Fülle seiner Kriegserfahrungen schöpfend, lehrte er den Musketieren die Kunst der verdeckten Bewegung und die des präzisen Zugriffs. Dazu das, was im Programm der Inneren Führung fehlte: Kampfmoral, kampfbereite Entschlossenheit statt des eingerissenen „Wartens auf Befehle“, jener Wille, sich auf dem Kampfplatz zu behaupten, womit im Kriege kleine, schneidige Kampfgruppen so viele hoffnungslos scheinende Lagen selbsttätig gemeistert haben. Da er der Obrigkeit ein unbequem fordernder, eigenwilliger Mann war, wurde er zuletzt ins Hinterland abgeschoben.

Von den Truppenführern sei nur einer für viele erwähnt: General Pape, ein im Kriege hochdekorierter Offizier, der zwar nicht zu Füßen des Aristoteles gesessen hatte, aber mit seinem sicheren Instinkt und schlauen Verstand, der ihn auch im Frieden nicht verließ, seinem robusten Gemüt und einem entschiedenen Willen wesentliche Führereigenschaften besaß. Er konnte keine Rede halten, aber er strahlte väterliche Autorität, Ruhe und Wärme aus, was der Truppe ein Gefühl der Geborgenheit gab. Für sie war er Obelisk und Bastion. Divisionskommandeur war er schon im Krieg gewesen, im Frieden wurde er es wieder, und dabei blieb es.

Als ich mich als sein Adjudant zum Studium an der Führungsakademie bei ihm abmeldete, gab er mir diesen Spruch des Kommandeurs seines alten Regiments (Reiter 13) auf den Weg: „Kommen Sie lieber mit einem guten Charakter als mit guten Noten wieder. Der ehrgeizige Offizier ist in diesem Regiment fehl am Platze.“ Es klang wie eine uralte Melodie.

Es mangelte nicht an Studien und Lehren zur Kräftigung der Truppenseele, die uralten Erfahrungen der Truppenführung aber konnte keine akademische oder politische Theorie übertreffen. Die innere Kraft einer Truppe erwächst aus dem Willen und der Persönlichkeit ihres Führers und aus der gemeinschaftlichen Leistung. Friedrich der Große: „Es gibt keine schlechten Regimenter, es gibt nur schlechte Obristen.“

Im Krieg ist eine starke Persönlichkeit dringend gefragt, im Frieden weniger, da ist Konformität erwünscht. Was im Zeitalter des Ingenieurs zählt, das ist die fachliche, technische Kompetenz. Wer darin exzelliert, qualifiziert sich für Spitzenstellungen, auch wenn da nichts außerdem zu kreditieren ist.

„I am in action", mit diesem Funkspruch brach der englische Flottenchef Admiral Jellicoe in der Seeschlacht vor dem Skagerrak 1916 die Verbindung mit der Admiralität in London ab und gewann so für Stunden die alte Freiheit eines Nelson zurück. Die alte Freiheit wird nicht mehr zugestanden, auch nicht verlangt. Die Führung zentralisiert, die Technik kontrolliert, die Organisation normiert. Der Automatismus tilgt die Freiheit, die Personalität, die Individualität. Im Massenkult unserer Zeit schwindet das antike Vorbild des Heros, der allein hervortritt.

Die Wende markiert der Fall des amerikanischen Generals MacArthur. Als Imperator und Sieger im Krieg gegen Japan, Herrscher in Ostasien und Supreme Allied Commander während des Koreakrieges hatte er dort eigenmächtige, kontroverse Vorstellungen von der Kriegführung. Präsident Truman enthob den Olympier des Kommandos. Der Senat verabschiedete den Feldherrn in Ehren auf dem Kapitol zu Washington. Die öffentliche Meinung gab dem Präsidenten recht, die Nation hielt auf die Verfassung. Dennoch ging Präsident Truman politisch angeschlagen aus der Affaire hervor.

Der Schlußakt des Dramas ragt in die würdige Art, mit der der römische Senat einst seine vom Feldzug heimkehrenden Feldherren auf dem Kapitol zu Rom empfing, sei es nach einem Sieg, sei es nach einer Niederlage.

Die alliierten Expeditionskorps der Westmächte werden fernhin nach Kriegsschauplätzen entsandt, die ihnen ganz unbekannt sind. Die Führung muß den Soldaten erklären, warum sie dort stehen, gegen wen und für was sie kämpfen sollen. Sie werden wenig Verständnis für politische Gemeinsprüche haben, lassen die doch vermuten, daß die ganze Sache nicht richtig durchdacht ist.

Robert Gates, der U.S. Secretary of Defense, bekennt freimütig den politischen Fehler, zu schnell nach dem Colt zu greifen „and to begin military engagements, wars, profoundly ignorant about our adversaries and about the situation on the ground. We had no idea how broken Iraq was when we invaded it. We had no idea of the complexity of Afghanistan – tribes, ethnic groups, power brokers, village and provincial rivalries. We entered both countries oblivious to how little we knew. Our initial objectives were unrealistic. And we didn't know that either."

Der Krieg liegt im Nebel der Ungewißheit, schon der Anfang, erst recht der Verlauf, das Ende immer. Die Schwierigkeit ist, im Dämmerlicht der Kriegssphäre richtig zu sehen, meist ist es eher ein Tappen im Dunkeln. Vertrauen kann man nur dem mit einem inneren Licht gesegneten Verstand.

Pro memoria: Im Handwerkskasten der Politik gibt es noch anderes Werkzeug als nur den Hammer. ULTIMA RATIO REGIS stand auf den alten Bronzekanonen geschrieben: das *letzte* Mittel des Königs.

Truppendienst

Truppendienst – Ehrendienst am Vaterland. Aber der Militärstiefel war nicht mehr sakrosankt. Das Befehlen war schwerer geworden, auch das Gehorchen. Die historische Erfahrung der Deutschen war trüb, zur Verteidigung hatte das Volk nicht mehr das nötige Eisen im Blut, die Wiederbewaffnung erregte Widerwillen, durchaus verständlich. In den ruhigen, fetten Jahren hatte sich zudem eine gewisse Weichlichkeit des Gemüts und ein Hang zur Behaglichkeit bei ihm breitgemacht, was sich schlecht mit den Anforderungen vertrug, die ein Staat an seine Streitmacht, an ihre Leistungsfähigkeit und ihren Wehrwillen stellen muß, um durch sie einen festen Stand in der Welt zu haben.

Im Truppendienst, wo ich die Hälfte meiner Dienstzeit verbracht habe, lernt man, daß nur das Einfache Erfolg hat. Das fängt bei der Sprache an. Der mit Pathos und Dogma vermischte neudeutsche Redestil, die auf abgelaufenen Sohlen wandelnden Worte, das kommt nicht an bei den Leuten. Sie wollen das Wort zu ihrem Alltag hören, die Aufmunterung, den Scherz, den Trommelwirbel, sie wollen erkannt, bei ihrem Namen genannt werden. Hinter den Worten muß der Mensch, der Vater zu spüren sein. Auch der Herr, in der Bedeutung des Gebietens wie der Manier.

Die Innere Führung suchte nach einer Motivation und meinte sie im Schrein der Demokratie gefunden zu haben. Indessen hatte schon der Koreakrieg gezeigt, daß die Wirkung des hohen Wortes und der Missionsidee an der Front verpufft: „On the hills of Korea, survival, fear of disgrace, loyalty to the man in the next foxhole would mean far more than the strange new concept of fighting for the cause of world order." (Max Hastings).

Es war eine fordernde Aufgabe, Jahr um Jahr aus ungelernten Rekruten gelernte Soldaten zu machen und Einheiten zu einem in sich gefestigten, kampffähigen, taktisch geschulten Verband zusammenzufügen. Wenigstens in unserem Heer gab es Taktik und nicht bloß „roadbound driving and prophylactic fire blazing away into the blue". Die Wehrpflichtigen rückten mit einiger Unlust in die Kaserne ein, schließlich wurde ihre persönliche Freiheit eingeengt und ihnen der Komfort entzogen. Das Erlebnis der Kameradschaft und der Innungsgeist des Verbandes bot vielen, die unter Einsamkeit gelitten hatten, einen Ausgleich. Mit manchen hatte man seine Wirtschaft, doch tröstete die chinesische Weisheit: „Schlechter Soldat, guter Krieger."

Obgleich man nun wußte, daß der Niedergang des Heeres im Kriege wesentlich an der Praxis der Wehrmacht gelegen hatte, fortgesetzt neue Verbände aufzustellen, anstatt die bestehenden und bewährten zu nähren, sind die Organisatoren der Bundeswehr in den gleichen Fehler verfallen, indem sie durch „Umstrukturierung" in Permanenz den inneren Aufbau der Truppe zugunsten äußerer Organisation vernachlässigten. Eine Truppe, der eine turbulente Organisation den inneren Halt nimmt, kann nicht bestehen. Es geht auch anders: Die englischen Regimenter sind jahrhunderteakt und doch modern. Neues Gewehr, alte Truppe, standfest. Die Lösung liegt auf dem Mittelweg zwischen Konsistenz und Flexibilität.

Daß der Soldat seinen Kameraden unter keinen Umständen im Stich lassen darf, weder im Kampf noch in der Übung, weder in der Kaserne noch in der Großstadt, weder vor dem äußeren noch vor dem inneren Feind, das muß ihm eingehämmert werden. Freilich kann das heißen, sich selbst im Stich zu lassen, um dem beizustehen, der in Not ist.

Dieser Geist des unbedingten Zusammenhaltens, in dem der Kampfwert einer Truppe liegt, kann nicht einexerziert werden, er will eingelebt sein, und das geht nur, wenn der Mann in seiner Truppenfamilie und diese in der Obhut ihres Führers bleibt, der sie kennt, bei dem sie sich geborgen fühlt. In Verbänden, die dauernd auseinandergenommen, neu zusammengesetzt und anders durchnummeriert werden, kann sich kein Korpsgeist entwickeln. In zerrissenen Verbänden steckt der Bazillus des Zerfalls im Kampf.

Die Militärhierarchie hat aus Notwendigkeit Züge einer Diktatur. In ihr entstehen geistige Hohlräume. „A lifetime of having to curb the expression of original thought culminates so often in there being nothing left to express." (Liddell Hart). Nicht der Einzelne, sondern das System hat ein Problem mit dem Gehorsam und der Disziplin, einen Komplex: es fühlt sich ständig in seiner Autorität angegriffen und reagiert kategorisch. Hinter der Strenge steckt die Angst vor der Obrigkeit, der Presse und Öffentlichkeit. Lao-Tse: „Guter Herrscher ist nicht herrisch."

Das methodische Schema der alliierten Führung minderte die Selbständigkeit des Truppenführers, die Freiheit zu kurzem Entschluß, zu taktischer Frechheit, die Fähigkeit zu beweglicher Kampfführung, jene für die deutsche Truppenführung einst so charakteristische Wendigkeit, Schnelligkeit und Schlagfertigkeit. Auf selbständiges Handeln nach Ermessensbefehl sind die Armeen der sonst so freisinnigen demokratischen Staaten nicht eingerichtet.

Der Truppenführer ist jetzt in ein ihn eng anbindendes Kommunikationsnetz eingesponnen; ihm wird zum Auftrag nun auch die Ausführung vorgeschrieben, überwacht und korrigiert. „Die Stimme des Herrn" wird gelöscht, der Befehl wir automatisiert – entseelt.

Mit der wachsenden technischen Leitfähigkeit mußte die Zentralisierung zunehmen. Die Zentralen ziehen die Befehlsgewalt immer mehr an sich, Eingriff, Durchgriff, Übergriff werden zur Regel. Die Einzelbefugnis wird aufgehoben, auch die altbewährte Befehlsordnung mit ihrer Zuweisung von Auftrag, Handlungsfreiheit und Verantwortung, einst die Grundlage deutscher Führungskunst. Es gibt kaum noch eine Absicht, die nicht rückversichert ist, kaum noch eine Entscheidung, die nicht im Gremium abgestimmt wird. Mißglückt eine Aktion, so ist es Brauch, einen Sündenbock auf der exponierten und deckungslosen unteren Ebene zu suchen. In toto erstickt das jede Initiative, jede Entschlußfreudigkeit.

Die Praxis der technizierten Kriegführung läuft auf Fernbedienung hinaus. Moltke: „Es ist immer sehr mißlich, Befehle aus der Ferne zu geben. Der Krieg läßt sich eben nicht vom grünen Tisch aus führen. Die oft augenblicklichen Entschlüsse können nur an Ort und Stelle nach den dort zu beurteilenden Verhältnissen gefaßt werden. Die erste Pflicht eines Befehlshabers ist, daß er befiehlt, und daß er nicht die Dinge gehen läßt, wie der Zufall sie führt."

Es gab im Volk noch genug alte Soldaten, gestandene, kriegserfahrene Führer, um nach der Phase der „Entmilitarisierung" die Kontinuität bewährter Methoden der Führung und Ausbildung in der neuen Streitmacht zu gewährleisten. Viele Kommandeure hatten bei aller Härte und Strenge ein warmes Herz für die Truppe, ihnen verlieh sie den ehrenden Haustitel „Papa".

In den modernen Streitkräften werden jetzt Manager und Techniker statt Führer herangebildet. Die Sorge dieses Technokraten in Uniform gilt dem Apparat. Eine kalte Atmosphäre verbreitet sich. In der Truppe lösen sich die väterlichen Bindungen. Ohne den „Papa" wird sie zu einem verwaisten, verlorenen Haufen.

Der neue Typus des Soldaten ist nicht mehr vom alten Holz. Mut und Tapferkeit sind um ihre Ehre gebracht worden. Wir sehen, wie die alten Ideen unbedauert scheiden und die neuen mit Unlust umherirren. Man streitet nicht mehr „Mit Gott für König und Vaterland" oder für den Nationalstaat, man verteidigt nicht mehr Landesgrenzen, unterscheidet nicht mehr zwischen Front und Heimat, zwischen Kämpfern und Nichtkämpfern – das sind Begriffe von historischen Mächten, die dahinsiechen. Der Soldat wird aus der nationalen Verantwortung entlassen und an die Zuständigkeit internationaler Organisationen überwiesen. Er kämpft, interveniert mit Abstandswaffen im Auftrag von anonymen Superstrukturen, und wer dabei umkommt, der fällt nicht mehr als Held „auf dem Feld der Ehre", sondern er fällt aus wie die zerstörte Maschinenwaffe.

Tapfer und vertragstreu waren auch die Landsknechte und die Soldaten, die im Europa der Dynastien in fremden Diensten standen, wie auch die ohne Vaterland, die der Fremdenlegion, die mit Bravour und Stolz eher für deren Ehre als für die Trikolore fochten, wie auch die der aus vielen Sprachen und Rassen gemischten britisch-indischen Armee, die die schlimmen Bedingungen des Burmafeldzuges 1944/45 durchstanden – so ganz ohne „Psychologische Rüstung" und „Staatsbürgerliche Erziehung". Was sie zusammenhielt, was sie vorwärtstrieb, das war der Wille, die Persönlichkeit des Führers, das war der *esprit de corps*. Statt eines heimischen Regiments findet der Soldat jetzt eine Maschinenhalle vor.

Was unter einer guten Truppe zu verstehen ist, erklärt Schiller im „Wallenstein“:

Stehn wir nicht gegen den Feind geschlossen,
Recht wie zusammengeleimt und -gegossen?
Greifen wir nicht wie ein Mühlwerk flink
Ineinander, auf Wort und Wink?
Wer hat uns so zusammengeschmiedet?
Daß ihr uns nimmer unterschiedet?
Kein andrer sonst als der Wallenstein!

Hierzu das Beispiel des deutschen Asienkorps, sechs Bataillone nur, die, ruhig und sicher geführt von dem dann auf dem Felde gebliebenen Obersten v. Oppen, bei den Kämpfen am Jordan 1918 inmitten des weichenden türkischen Heeres einzig noch dem massiven Angriff der Engländer standhielten, bis in ihrem Rücken das Osmanische Reich, Deutschlands letzter Verbündeter, zusammenbrach.
Lawrence of Arabia hat der verlorenen deutschen Schar in den „Seven Pillars of Wisdom“ ein Denkmal gesetzt:

„They fought magnificently and repulsed us time and again despite our hardiness ... and here, for the first time, I grew proud of the enemy who had killed my brothers. They were two thousand miles from home, without hope and without guides, in conditions mad enough to break the bravest nerves. Yet their sections held together, in firm rank, sheering through the wrack of Turk and Arab like armoured ships, high-faced and silent. When attacked, they halted, took position, fired to order. There was no haste, no crying, no hesitation. They were glorious.”

Historische Beispiele wie dieses vom Kampf in der Ferne und dem Ausharren und Sterben auf Verlorenem Posten in einer politisch hoffnungslos verfahrenen Lage gelten als Rückschau, doch ließen sie sich auch als Vorschau auffassen.

In Zeiten großer Krisen ist es gut sich daran zu erinnern, daß das deutsche Volk noch zu keiner Zeit Mangel an guter Mannschaft gehabt hat, und daß es immer Führer hervorgebracht hat, die mit Verstand und Können, mit Mut und Entschlossenheit zu handeln wußten. Erziehung sei Gewöhnung an gute Vorbilder, sagt Nietzsche.

Generalstabsdienst

Die von Goethe notierte Anregung kam vom Mephisto: „Laß den Generalstab sorgen, und der Feldmarschall ist geborgen."

Clausewitz, der am Feldzug von 1812 in Rußland auf russischer Seite teilgenommen hat, beschreibt den Typus des praktischen Generalstabsoffiziers: „Oberst von Toll *(dem deutsch-baltischen Adel zugehörig, Chef des Stabes des russischen Oberbefehlshabers General Barclay)* war ein Mann von ziemlichen Anlagen und entschiedenem Willen. Schon länger mit der Idee der großen Kriegführung beschäftigt und mit dem Neuesten der Schriftstellerwelt bekannt, wußte er also mit der Sache einigermaßen Bescheid, und wenn er auch weit davon entfernt war, durch eigenes Nachdenken völlig auf dem reinen zu sein, wenn ihm auch der schöpferische Geist fehlte, einen großen umfassenden Plan fürs Ganze zu entwerfen, so reichten seine Fähigkeiten und Kenntnisse doch für die nächsten Bedürfnisse des Augenblicks hin. Er besaß das Vertrauen des Generals Barclay nur halb, denn teils war dieser General von einem etwas kalten Wesen, welches sich nicht leicht an einen andern anschloß, teils war dem Obersten Toll eine gewisse Rücksicht, ein feiner Takt, der in solchen Stellungen durchaus nötig ist, ganz fremd."
Daneben der Typus des intellektuellen Generalstabsoffiziers:
„Oberst von Wolzogen *(aus preußischem in den russischen Dienst übergetreten, Flügeladjudant des Zaren)* wäre durch seine ausgezeichneten Kenntnisse, die vermutlich alles überwogen, was damals im russischen Heer war, und durch seinen an Hilfsmitteln sehr reichen Geist ganz vorzüglich geeignet gewesen, der Generalquartiermeister *(Generalstabschef)* der Armee zu sein, wenn ihn nicht eine gewisse Generalstabsgelehrsamkeit von dem kräftigen natürlichen Denken zuweilen enfernt und dadurch weniger geschickt dazu gemacht hätte. Wer sich in einem Element bewegen will wie der Krieg ist, darf durchaus aus den Büchern nichts mitbringen als die Erziehung seines Geistes, keine fertigen Ideen."

Die Devise des preußischen Generalstabes: „Einseitigkeit macht schneidig für den Zweck." Und: „Genie ist Fleiß." Der Ausdruck „generalstabsmäßig" wurde sprichwörtlich. Mit dem einseitig gezüchteten Produkt exekutierte der Generalstab 1870/71 den Willen der Politik zur deutschen Einigung und Reichsgründung; der Genius eines Moltke gehörte freilich auch dazu. Bismarck prägte das spöttische Wort von den „Halbgöttern"; die Ordensbrüder mit den karmesinroten Lampassen waren ihm zu hochmütig geworden.

Auch für den Generalobersten v. Seeckt, Chef der Heeresleitung nach dem Ersten Weltkrieg, hatte das Können vor dem Wissen zu gehen: „Der Generalstab ist wie jede Schule eine Schule für die Mittelmäßigkeit, nicht eine Schule bestimmt für Genies. Eine solche wäre eine Unmöglichkeit oder ein Unglück. Die Generalstabsschule verbindet Theorie und Praxis miteinander; nicht die Theorie, sondern die Praxis ist ihr der wichtigere Lehrstoff."

Churchill, 1944: „The German General Staff possesses great skill, both in the handling of troops in action and in their rapid movement from place to place. The fighting should leave no doubt on these points. " „Perfectly marvellous it is", so der damalige imperiale Generalstabschef Feldmarschall Sir Alan Brooke.

Unsere Generalstabsausbildung an der Führungsakademie in den 1960er Jahren war nach der alten Art, dort rastend. Im alliierten Bereich mußten wir uns auf die angloamerikanische Denkweise und Methodik umstellen. Neu für das verkapselte deutsche Stabsdenken war das Arbeiten mit Ausschüssen. Diese Art parlamentarischer Zusammenarbeit zur Überbrückung nationaler Antinomien und Autonomien und zur Bildung eines gemeinsamen Führungswillens hat sich als die wirksamste Methode der Koalitionsführung erwiesen.

Die Führungspraxis der Alliierten war formalistisch. Die Methodik des deutschen Generalstabes, die Lagebeurteilung erkenntniskritisch und dialektisch zu entwickeln und daraus folgerecht den Schluß zu ziehen, war ihnen fremd, sie verfuhren nach den Regeln der Meßkunst und zogen daraus ihre Folgerungen. Die Befehlsgebung war unscharf: Direktiven, die die Führungsebene nicht wahrten, vermischt mit Verfahrensauflagen und Grundsätzen – Schlingpflanzen, die den deutschen Auftragsbefehl mit seiner knappen, unmißverständlichen Befehlssprache zu ersticken drohten. Woraus erhellt, wie wichtig ein starker nationaler Generalstab zur Einführung nationaler Vorstellungen in die Doktrin einer Koalition ist.

Neu war das großräumige, das „atlantische“ Denken, der Reichtum an Material, die Fülle der technischen Mittel, die Vielfalt der Fachrichtungen. Der Wahlspruch der Führungsakademie: „Mens agitat molem“, der Geist bewegt die Materie, schien in sein Gegenteil verkehrt zu sein.

Am unglücklichsten sei der Feldherr, der eine Kontrolle über sich und einen Draht im Rücken habe, klagte einst Moltke. Inzwischen hat man den Feldherrn zum Führungsgehilfen der Zentrale degradiert. Die überladene Informationsmaschine droht, die Operation durch Verstopfung zum knirschenden Halt zu bringen. Netzflickerei mit dem Computer genügt nicht, das Führungsproblem wird man nur durch Dezentralisation lösen können.

Die Entwicklung der Fachgebiete hat zu einem Anwachsen des Spezialistentums geführt, das kaum noch zu übersehen und schwer zu leiten ist, zumal wo die Fähigkeit, vom Volumen zu abstrahieren, in dem Maße abnimmt, in dem die Konzentration auf das Vereinzelte zunimmt. Es wird darauf ankommen, die Sicht und Zuständigkeit des Generalstabes so zu erweitern, daß ein Auseinanderklaffen der Bestrebungen zentrifugaler Kräfte verhindert wird. Was hier von ihm gefordert wird, ist nichts Geringeres als der Blick für das Ganze vor seinen Teilen, die Weisheit der klassischen Führungskunst.

Alle Lebensbereiche geraten zunehmend in den Sog der Wissenschaften und Technik, die immer mehr in eine verengende Spezialisierung übergehen, gegründet auf mathematisierte Methoden und Modelle, gründlich in der auf eine breite Datenbasis gestützten Analyse, schwach in der Synthese, in der Erforschung der Ursachen und Zusammenhänge und in der historischen Vergleichung. Die Theorien streben nach berechenbaren Größen, während in Krisen, erst recht im Krieg, die Dinge unbestimmbar sind und das Kalkül mit lauter veränderlichen Größen gemacht werden muß.

Die Wissenschaften haben ihren Schwerpunkt von den Geisteswissenschaften zu den Naturwissenschaften hin verlegt, vollzogen auf Kosten der klassischen Bildung, ohne daß man sich der drohenden Verflachung bewußt ist. Die Betrachtung entbehrt vor allem der Erweiterung durch den Blick auf den empirischen Anteil. Der Rückblick ist eine ziemlich exakte und daher aufschlußreiche Wissenschaft. Die

Entwicklung greift stark auch in die Generalstabsschule ein. Der Generalstab steckt voll im Tagwerk der Aufgabe, das sich rapide verändernde Führungsinstrument im Griff zu behalten. Der Schwund an geisteswissenschaftlicher Bildung macht sich besonders im Bereich der höheren Führung bemerkbar, da sie doch Dimensionen hat, die weit über die praktische Anwendung der Naturwissenschaften in der technischen Welt hinausreichen.

Notizen

(aus meinem Studienheft)

Ich notiere hier Vorgänge und Themen, die an unserer Führungsakademie nicht behandelt wurden. Weder ging man dort auf die Natur des Krieges ein noch auf das politische Element, noch auf die neueste Kriegsgeschichte. Das Führungshandwerk muß immer Vorrang haben, doch lehrt die Praxis selbst, daß sie der Erkenntnis größerer Zusammenhänge bedarf, jener höheren Bildung, die die Gegensätze im Urteil und Handeln vereint.

Clausewitz

„Vom Kriege“: immer noch das umfassendste und tiefgehendste Werk über den Krieg, seine Natur und das Verhältnis von Krieg und Politik. Eine gleichwertige Analyse neuer Dimensionen ist bisher nicht gelungen. Sein Werk wird nicht mehr gelesen, ein Manko, das zum Blanko in der militärpolitischen Lagebeurteilung wird. Ludendorff: „Alle Theorien von Clausewitz sind über den Haufen zu werfen.“ Eisenhower: „I never read Clausewitz.“ Frage im NATO-Rat: „Who is that Clausewitz?“ Das erklärt manches.

Begrenzter Krieg

In der Weltkrise von 1950 wurde Amerikas Wille von der Sowjetunion auf die Probe gestellt. Einen Weltkrieg riskieren wollte keiner der Kontrahenten, die in Korea in den Ring stiegen, für Amerika war es kein casus belli gegen die Sowjetunion, aber doch eine Herausforderung zum Kampf um Macht und Prestige.

Der Koreakrieg setzte ein Muster für die Kriegführung im Atomzeitalter. In ihm bildete sich der in Hinsicht auf Zweck, Ziel und Mittel begrenzte Krieg heraus. In Washington widerstand man der Versuchung, Atomwaffen einzusetzen und begnügte sich damit, den Status quo ante bellum wiederherzustellen.

Die Warnungen der militärischen Führung ignorierend, hatte die amerikanische Regierung ihre auswärtigen Verpflichtungen und Zusagen weiter ausgedehnt als dieser Scheck militärisch gedeckt war. Dennoch war sie entschlossen, einer kommunistischen Aggression, wo auch immer, entgegenzutreten, tat dies aber nicht fest und deutlich kund, nicht in Rücksicht auf den im Frieden stark vernachlässigten Zustand der Streitkräfte, sondern in der Absicht, mit verdeckten Karten zu pokern. Aus ihren rätselhaften diplomatischen Signalen zog man in Moskau die falschen Schlüsse. Es ist nicht anzunehmen, daß der Angriff Nordkoreas vom Kreml sanktioniert worden wäre, hätte die amerikanische Regierung ihre Position beizeiten öffentlich klargemacht. Präsident Truman, den man der Schwäche bezichtigt hatte, überging den Congress in der Kriegsfrage und reagierte eigenmächtig mit einer Heftigkeit, die selbst bei Stalin Betroffenheit auslöste.

Im Verlauf des Krieges zeigten sich chronische militärische Schwächen, die in den wenigen Jahren seit dem Ende des Weltkrieges bereits in Vergessenheit geraten waren: die nicht mehr hinreichende Kampfkraft der Infanterie und die Überschätzung der Luftmacht, wie sie der Mißerfolg der Luftoperation „Strangle“ verdeutlichte. Wiederholung dann im Vietnamkrieg.

Das amerikanische Volk wurde des fernen, trödelnden, zehrenden Krieges in Korea müde, am Ende verdrossen auch darüber, daß die Weltmacht Amerika so schlecht mit einem begrenzten Krieg fertiggeworden war. Man hatte von einem nichtabsoluten Krieg einen absoluten Sieg erwartet.

Auch die folgenden Kriege Amerikas, die in Südostasien und in Vorderasien, waren begrenzt. Ihr Zweck war, Macht und Festigkeit zu demonstrieren, auch Worttreue den Verbündeten gegenüber. Das war schwer in Szene zu setzen zwischen der Scylla einer eskalierenden Konfrontation mit den Großmächten China und der Sowjetunion und der Charybdis eines Versinkens im Strudel der in Asien drohenden Niederlage. Die angegriffenen, morbiden Staaten konnten sich aus eigener Kraft nicht halten. Für Amerika stand Ansehen und Glaubwürdigkeit auf dem Spiel, es sah sich genötigt, selbst in den Kampf einzugreifen. Zur politischen Kontrolle wurden Zeit- und Raumgrenzen und eine Höchstgrenze der Truppenstärke gesetzt, wodurch die operative Handlungsfreiheit beschränkt war.

Kann man aus dem beschränkten Gebrauch militärischer Machtmittel folgern, daß dies der eigentliche Grund für den amerikanischen Mißerfolg im Vietnamkrieg sei? Hätte die amerikanische Regierung nach einer kräftigeren Strategie suchen sollen als der eines Systems von knapp bemessenen und strikt kontrollierten Aushilfen? Würde die Regierung des existenzgefährdeten Staates Israel im Sechs-Tage-Krieg 1967 ihre militärische Führung angewiesen haben, die Luftstreitkräfte der Feinde im Präventivschlag nur zu lähmen, aber nicht zu zerschlagen? Kann man sich den Fall vorstellen, daß sie ihr im Yom-Kippur-Krieg 1973 die Weisung erteilt hätte, die ins Land eingedrungenen feindlichen Truppen nur zurückzuwerfen, aber nicht zu vernichten? Beide Fälle sind kaum denkbar. Kann daraus das Dogma abgeleitet werden, daß der Politiker, der vom Soldaten den Sieg fordert, der Gewalt freien Lauf lassen muß?

Liegt es nicht der Politik ob, ihren Krieg nach ihrem übergeordneten Zweck zu leiten und ihn im Zaume zu halten?

Amerikas Streitmacht konnte in keinem der Interventionskriege Schach spielen, denn ihr waren stets 32 der 64 Felder versperrt. Es gibt berechtigte Gründe dafür. Wenn man einen Krieg nicht gewinnen kann, sollte man ihn gar nicht erst anfangen, es sei denn, es gäbe berechtigte Gründe dafür, es dennoch zu versuchen. Das ist die Zirkelquadratur der demokratischen Staatsmacht.

Das Grundproblem des begrenzten Krieges ist, daß die kämpfende Truppe gehindert wird, den Gegner niederzuwerfen, was dem Zweck des Krieges, dem Gegner den Willen aufzuzwingen, widerspricht. Die Moral der Truppe sinkt. Der Kriegsgrund ist nicht mehr triftig, nicht überzeugend, nicht glaubwürdig. Das Volk fühlt sich irregeführt. „Declare victory and get out!" (Ruf im U.S. Senat, Vietnam-Debatte 1966). Der Nimbus der Politik ist dahin.

„Wehe dem Kabinett, das mit einer halben Politik und gefesselten Kriegskunst auf einen Gegner trifft, der wie das rohe Element keine anderen Gesetze kennt als die seiner innewohnenden Kraft!" (Clausewitz).

Konventioneller Krieg

Bei den Großmächten herrscht die traditionelle Militärdoktrin der Konfrontation von Staaten und konventionellen Streitkräften vor. Der konventionelle Krieg hat seit dem Zweiten Weltkrieg kaum noch stattgefunden, dennoch beansprucht die Rüstung gegen diese Eventualität den größten Aufwand. Technisch-materiell hochentwickelt, in den operativen Formen aber erstarrt, auch im Denken. „Bewegliche Abwehr" ist ein Schlagwort geworden. Wir sind nicht mehr auf der früheren Höhe der Taktik und Führungskunst.

Eine ausgedehnte lineare Stellungsverteidigung ist mit den jetzt reduzierten Heeren nicht mehr realisierbar. Die Lösung des Problems der Raumverteidigung muß in der dritten Dimension durch Fusion von Luftbeweglichkeit und Feuerkraft zu einer im Schwerpunkt überlegenen Schlagfertigkeit und Kampfkraft gesucht werden.

So lange es Heere gibt, muß man darauf vorbereitet sein, Krieg auf konventionelle Art zu führen. Das Schwerpunktprinzip, die Zusammenfassung stärkster Kräfte an entscheidender Stelle, wurde, selbst bei hohem Risiko anderswo, von keiner anderen Armee so konsequent und virtuos gehandhabt wie von dem seinen Gegnern der Zahl nach ständig unterlegenem deutschen Heer. Wenn wir die Handlungsfreiheit, Initiative und Beweglichkeit zu überlegener Gefechtsführung nicht wiedergewinnen, werden uns auch die teuersten technischen Waffen nicht zum Abwehrerfolg verhelfen.

Der konventionelle Wehrzustand der Westmächte rechtfertigt nicht den politischen Ton, den sie anschlagen.

Unkonventioneller Krieg

Die Globalisierung verwickelt die Industriestaaten immer mehr in regionale Händel der Dritten Welt und dabei stößt die technische, im

Denken tief im Materialismus verwurzelte Welt mit der kriegerisch kräftiger Völker und Stämme zusammen.

Seit dem Weltkrieg waren die meisten Kriege unkonventionell. Für die Westmächte gingen sie nicht gut aus. „The guerrilla wins if he does not lose, the conventional army loses if it does not win." (U.S. Außenminister Kissinger). Unklare Vorstellungen vom Wesen, Zweck und Ziel des Krieges und politische Inkonsequenzen führten bei den Westmächten zum „mission creep" und zum Dreinreden der Politik in laufende militärische Operationen. Die Taktik war weder dazu geeignet, den Feind zu vernichten noch das zu schützende Gebiet zu verteidigen.

Die Industriestaaten setzen auf technische Mittel und verirren sich dabei in der Theorie. Krieg bleibt Kampf, das einzig wirksame Mittel im Krieg *jeder* Art – es muß um jede Höhle, um jede Höhe, um jedes Haus gekämpft werden. „No matter how a war starts, it ends in mud. It has to be slugged out – there are no trick solutions or cheap shortcuts." (U.S. General Stilwell). Die Hauptlast des Kampfes trägt die Infanterie, einst die „Königin der Waffen", jetzt die schwächste, die vernachlässigste Waffe.

Im Guerillakampf in Vietnam waren Gewehr und Handgranate die Hauptwaffen, nicht Bomber. Die taktische Luftunterstützung war wirksam, die Bombenoffensive erfüllte nicht die Erwartung, die Lage zu wenden. Selbst wenn sie nicht beschränkt worden wäre, hätte sie damit allein den Willen dieses Gegners schwerlich brechen können. Hanoi ließ die Amerikaner (1966) wissen, daß man gern bereit sei, sie auf Wunsch zwanzig Jahre Krieg länger noch in Vietnam zu akkommodieren. Im amerikanischen Senat kam (1967) die Frage auf, ob es sich lohne, für fünfzehn Millionen fremde, ferne Vietnamesen das Recht auf Selbstbestimmung zu erkämpfen, wenn Amerika dabei Schaden an Leib und Seele nähme.

Daß moderne Streitkräfte keine volle Durchschlagskraft im Kleinkrieg gegen Guerillas haben, hat Erstaunen und Zweifel am Glauben an die Allmacht von Technik und Material hervorgerufen. Der Positionsverlust der Westmächte wirkt sich tiefgreifend auf die Weltpolitik aus.

Lagebeurteilung

Die Fehlleitung der heute angewandten Methode der Lagebeurteilung ist die, daß gemessen wird, wo gewogen und gewägt werden müßte.

Indem das Gewicht der Dinge nach dem Teil abgeschätzt wird, der gezählt und berechnet werden kann, läßt man die Zahl entscheiden, wo es um Sinn und Bedeutung der Sache geht. Zuletzt zieht der von der Zahl bestochene Mensch die rechnerische Lösung der vernünftigen vor, womöglich auch der moralischen.

Der schwierigste Teil der Lagebeurteilung ist, die moralischen Größen abzuschätzen, den politischen Willen, den Volksgeist und, davon abhängig, die Standhaftigkeit der Truppe. Sie lassen sich nicht in Zahlen bringen, durchdringen aber das ganze Element des Krieges. Ihre moussierende Wirkung zeigte sich im Vietnamkrieg, wo nicht der Feind, sondern das emotional protestierende Volk in Amerika den Willen seiner Regierung brach.

Führungsprobleme

Die Abhängigkeit vom Feldherrn hat der moderne Staat durch ein System beseitigt, in dem alle Figuren ersetzbar sind. Er verläßt sich lieber auf das beratende und beschließende Gremium, selbst wenn dort die Neigung besteht, sich auf dem neutralen Boden der Negation des Handelns zu vereinigen und darauf zu sinnen, wie man sich am besten von der Verantwortung entfernt.

Im Zweiten Weltkrieg haben die Alliierten eine koalierte Führungskonstruktion geschaffen, deren Kohäsion und Leistung von keiner anderen der kriegführenden Nationen erreicht wurde. Die Staatsmänner behielten die Führung des Krieges in der Hand, störten den Generalen die Zirkel, suchten und befolgten aber doch den militärischen Rat. Im Ringen um eine gemeinsame Strategie wurde zuletzt immer wieder ein Ausgleich herbeigeführt. Die *Combined Chiefs of Staff* und die *Joint Chiefs of Staff* rauften sich im Teamwork zusammen. Der Gegensatz zu den zersplitterten und disharmonierenden Führungsverhältnissen der Wehrmacht hätte krasser nicht sein können.

Die Geschichte ist reich an Friktionen zwischen König und Feldherr, keinen Feldherrn hat die Berührung seines Kommandostabes durch die königliche Hand erbaut, kein königliches Ohr hat den Jubel des Volkes beim Triumphzug des siegreichen Feldherrn mit Wohlgefallen vernommen, man denkt an Saul und David, an Belisar, Macbeth und Wallenstein. Und man denkt an die Verhältnisse heute: eine politische Führung, der das Kriegswesen, in dem sie tätig wird, fern und fremd ist und eine von ihr marginalisierte militärische Führung – zwei getrennte Kreise, wie sie sich in demokratischen Staaten herausgebildet haben.

In Amerika sind die *Joint Chiefs of Staff* verfassungsrechtlich die „principal military advisors to the president", individuell werden sie darauf vereidigt „to support and defend the Constitution of the United States", was sie zur „legalized insubordination" ermächtigt. Daß sie im Vietnamkrieg ihrer Auffassung von der Strategie keine Geltung bei der Regierung verschaffen konnten, brachte sie in einen Loyalitätskonflikt. Die politischen Häupter drängten sie ab von der Leitung des Krieges und führten ihn mit ihren zivilen Beratern und Gehilfen selbst. In diesem Kreis hielt man die militärische Erfahrungslehre für überholt, ersetzte sie durch Statistiken und verzifferte Analysen und experimentierte mit dem Krieg. Obgleich dieser Amerika nun immer mehr Kräfte und Opfer abforderte, behandelte ihn die Regierung dilatorisch und ökonomisch. Ihr Sozialprogramm sollte mit Vorrang durchgezogen werden, während der Krieg zwischen Eskalation und Rückzug unter Kontrolle zu halten war. Vor dem Congress und der Öffentlichkeit maskierte sie den Ernst der Lage und das Manko einer Strategie mit einem Kriegsziel. Die Chiefs fügten sich wider besseres Wissen. Es hat ihr Gewissen ihr Leben lang belastet.

Technifizierung

Die kommerzielle Wirtschaft führt das Wettrüsten an, sie entwickelt immer neue, profitable Technologien und Erzeugnisse, die rasch proliferieren und sich leicht auf Führungs- und Waffensysteme übertragen lassen. „Cyber warfare" wird mit destruktivem Furor eskalieren, Schwärme von Robotern, von Drohnen und autonomen Hightech-Systemen werden wie die biblische Stechmückenplage über das Land und Volk kommen, sie werden nationale, rechtliche und moralische Grenzen überschreiten, den Krieg auf eigene Faust führen und ihn kaum noch definierbar machen. Satelliten bringen den Weltbetrieb in eine tiefe Abhängigkeit von ihnen. Im Weltraum wird eine neue Front eröffnet. Mag auch das nukleare Tabu selbst bei zunehmender Proliferation halten, der Büchse der Pandora, die die Wissenschaft öffnet, entfliegen immer mehr technische Ungeheuer, die der Politik eine ganz andere Richtung als die beabsichtigte geben.

Die Großmächte entwickeln gegeneinander offensive und defensive Hyperschallflugkörper, die in Millisekunden reagieren und, stellvertretend für das zu langsam funktionierende menschliche Hirn, nach eigener Wahl vorprogrammierte, auch eigenmächtige Entschlüsse fassen und ausführen. Die Überlebensfrage erfordert eine Eingrenzung durch eine scharfe Überprüfung der Abgabe von Macht an den autonomen Automatismus.

Wenn es den Gegnern im Kalten Krieg möglich war, haltbare Verträge zur Begrenzung der strategischen Rüstung miteinander abzuschließen, so möchte man denken, daß dieses Ziel erst recht in ruhigeren Zeiten erreichbar ist. Die Bereitwilligkeit zur Vertragstreue pflegt aus Gründen der Furcht vor den Folgen eines Vertragsbruches auch bei autokratischen Regierungen vorhanden zu sein; auch sie sind an ihre Umwelt gebunden.

Immer schneller, immer präziser werden die Bewegungen, enger die Kreisläufe, rapider die Umsätze. Die Anzeichen deuten darauf hin, daß sich die Beschleunigung noch steigern wird. Irgendwann aber wird die Bewegung einmal ein Ende finden, wird man sich nach dem Abklingen des Geschwindigkeitsrausches besinnen und den humanen Anteil am Ganzen in einer Verhältnisgleichung mit der Technik und der Materie neu bestimmen. Dann werden sich die starken Pendelschläge zwischen den Extremen in der Welt allmählich ausgleichen, was dem Friedensbestreben förderlich sein wird.

Kriegsgrund

Am Ende erhebt sich die Frage nach dem Anfang. So war es im Dreißigjährigen Krieg, als man bei den Friedensverhandlungen ein Jahr benötigte, um herauszufinden, warum man eigentlich diesen chaotischen Krieg geführt habe. Und so ist es noch bei den Kriegen unserer Zeit. Der Opfergang eines Krieges bedarf zu seiner Rechtfertigung adäquater Ursachen und Begründungen. In der Geschichte läßt sich nur bei wenigen Kriegen ihre Notwendigkeit erkennen. Man spielt Politik mit Streichhölzern im Scheuer.

Nüchtern betrachtet, ist es schwer, auf einer von beiden Seiten der sich konfrontierenden Großmächte einen zwingenden oder auch nur berechtigten Kriegsgrund zu finden, indessen wirken Machtgelüste und Leidenschaften durch eigene Kraft spannungsladend auf die Konstellation ein. Beide Seiten agieren provokativ in des anderen Einflußsphäre. Trotz aller Verhetzung findet der Gedanke an eine Kanonenpolitik alter Art schwerlich noch Anhänger in beiden Lagern. Es bleiben Unkosten. Das gegenseitige Mißtrauen ist es, weshalb die Sicherheit so absonderlich teuer bezahlt wird.

Diplomatie

1974 geruhte die Hohe Führung, mich nebst Ehefrau als Militärattaché nach London zu entsenden. In der Botschaft fand ich den rührigen und angesehenen Botschafter v. Hase vor und einen Stab von Legationsräten mit Erfahrung in dem zur Regelung des Weltverkehrs so notwendigen Geschäft der Diplomatie.

Die Räte waren gewandt im Vortrag, hatten aber ihre Schwierigkeiten mit den Fachgebieten wie Wirtschaft und Finanz, wo es ihnen an praktischer Erfahrung und tieferem Einblick fehlte. Das fachliche Defizit glichen sie aus durch Kompilation und eine das Ladengeschäft übergreifende, diplomatisch gefaßte Konklusion.

Der delphische Stil hat viel für sich: „to leave wide open the door of dignified escape“ wie man im Foreign Office sagt. Leider führt er gelegentlich zu Mißverständnissen, verführt auch leicht zum amtlich inkorrekten Euphemismus, möchte man doch die guten Beziehungen zu den Hochgestellten des Gastlandes nicht durch geschäftliche Verdrießlichkeiten trüben. Gern wird auch dem Ohr der Oberen daheim geschmeichelt.

Die Anstrengungen der Botschaft waren durchaus fruchtbar, ihre Einwirkung auf die Politik war aber moderat; man benutzte sie eher als Geschäftsstelle denn in politischer Mission. Die technischen Mittel, im besonderen das Telefon und das Flugzeug, haben die Handlungsfreiheit und Verantwortung des Diplomaten reduziert, seine Betriebsamkeit indessen gesteigert, was stets auf Kosten der kontemplativen Betrachtung geht.

Die Mühe, die ich mir zur Berichterstattung auferlegte, war insofern lohnend, als meine Berichte auch gelegentlich gelesen wurden, was nicht durchweg die Übung in der Zentrale ist.

Die Stimmung im Lande war nicht mehr feindlich gegen Deutschland, aber auch nicht gerade freundlich, doch zollte man der deutschen Tüchtigkeit und Zuverlässigkeit Achtung, hatten uns doch schon Pitt und Wellington als Bundesgenossen schätzen gelernt.

Bei den Bestrebungen, die atlantische Allianz zu verstärken, wog die deutsche Arbeitsleistung im Kalkül der Alliierten, wobei besonders das aus den scharfen Begegnungen gewonnene militärische Urteil politisch zu Buche schlug: „The military performance of the Wehrmacht throughout the war was seldom equalled and only on very rare occasions surpassed." (General Sir David Fraser). Rommel stand posthum Pate, nunmehr ein englischer Nationalheld: „He has become an honorary Englishman." („The Times").

Ihre Streitkräfte hält die Nation hoch in Ehren. Die alten Regimenter mit ihrem ausgeprägten Innungsgeist, mit Namen, mit individuellem Charakter sind sturmfeste Wehrtürme eines Volkes, das noch dem Zug der Zeit widersteht, das Besondere und Eigene zur sterilen Gleichförmigkeit plan zu schleifen. Am Ganzen war noch eine Abfärbung von Empire und Raj, vom Polospiel und Tafelsilber bis hin zur taktischen Führung mit ihrem Hang zur orientalischen Gemächlichkeit, besonders „at tea-time". Man hält auf sich: „You cannot be a good officer without being a gentleman."

Britanniens Streitmacht fußt noch auf der Bill of Rights von 1689, mit der das Parlament die Prärogative der Krone beschnitten hat, sie ist aber immer noch königlich. Und königstreu. Ohne große Worte, gerade nur einen „Loyal Toast" auf die Queen beim Regiments-Dinner, die Garde und einige alte Regimenter nicht einmal das, weil sie ihre Treue für über allen Zweifel erhaben halten.

Man bedarf des Ehrenkodexes nicht, man weiß es auch so, von jeher.

England hatte „the Troubles" mit der IRA. In London detonierten Bomben. In den Naval and Military Club wurde hineingeschossen, die Herren in den Klubsesseln mimten „coolness under fire" hinter ihrer Zeitung. In der Republik Irland (ich war dort nebenakkreditiert) war die Stimmung antienglisch. Die irische Frage, ungelöst seit Jahrhunderten, lag quer zur Zeitströmung. Inzwischen konnte sie, wenn auch nicht im Basfond des Volkes, so doch im Plafond der Politik geregelt werden; beide Seiten hatten die Aussichtslosigkeit ihrer Lage eingesehen, die britischen Sicherheitskräfte, daß sie die IRA besiegen könnten, diese, daß sie die Vereinigung Nordirlands mit der Republik erzwingen könnte.

Aus dem Vietnamkrieg, damals in seiner Endphase, hatte England sich herausgehalten. Für die Amerikaner war es ein Verlust, seinen mit den Verhältnissen Hinterindiens altvertrauten Partner diesmal nicht zur Seite zu haben, hatte der doch im Malayakrieg 1948-60 den einzigen Sieg einer westlichen Macht im Verdeckten Kampf errungen. Die englischen Jagdkommandos hatten dort mit einem Existenzminimum an Versorgung monatelang im Dschungel gelegen, die kommunistischen Guerillabanden von ihren Versorgungsquellen abgeschnitten, ihnen aufgelauert und sie durch Überfälle aus dem Hinterhalt vernichtet – sie hatten den Feind in seinem eigenen Spiel überlistet. In Vietnam zerbombten die Amerikaner das Land, während ihre Infanterie ohne Technisierung hilflos im Dschungel kämpfte, nachdem sie dorthin durch aufwendige Technisierung geflogen worden war. Amerikas auf ferne Feuerwirkung berechnete Strategie wurde in Vietnam vom Gegner unterlaufen. Den Anforderungen des Nahkampfes im Dschungel war der urbanisierte Soldat nur noch bedingt gewachsen.

Doch zurück nach London, wo die imposanten Regierungsgebäude in Whitehall an die Zeit erinnern, als von dort aus ein Imperium regiert wurde, das ein Viertel der Erde umfaßte. Entstanden ist es als Abenteuer eines Volkes, das Seewasser in seinen Adern hat. Ausgedehnt wurde es von Staatsmännern, die nüchterne Geschäftsleute waren. Erhalten wurde es durch eine Politik der Mäßigung. Zerstört haben es die Feuer der Weltkriege. Seither ist das Volk wieder insular geworden, „now setting a fine example of British phlegm“ (Evelyn Waugh). Imperial geblieben ist die Londoner City als das Finanzzentrum der Welt. Man macht dort Geschäfte, während anderswo Programme und Verordnungen gemacht werden.

Zu den englischen, vom Empire geförderten Kreationen gehört der Gentleman, selbstsicher, kühl, gelassen. Wenn auch der „inward gentleman“ mitunter knapper ausfiel als der „outward gentleman“, so hat doch das Muster genügt, ein Vorbild zu liefern.

Da der Engländer allen Definitionen abhold ist, blieb auch der Gentleman von einer Fixierung verschont, allenfalls wird er umschrieben, etwa als „decent chap, more devoted to cricket than to mental felicity“, oder poetisiert, wie von Byron:

He was the mildest mannered man
That ever scuttled ship or cut a throat,
With such true breeding of a gentleman,
You never could divine his real thought.

Indessen ist der Gentleman international zu einem Begriff geworden, verbunden mit einer Vorstellung von Ehre, Anstand und polierten, höflichen und gewandten Umgangsformen. Wie lange, so fragt man sich, mag dieses Image in einer sich niederwärts egalisierenden Gesellschaft noch wirksam sein?

Friedrich der Große wurde vom französischen Gesandten gefragt, wie er denn das englische System definieren würde. „Die Engländer haben kein System", sagte der König. Die englische Politik hat Interessen, Unabhängigkeit und Handel, von jeher die Primärinteressen des Inselstaates, konträr insofern, als dieser bindet, jene trennt. Solche Gegensätze werden den Engländern nicht bewußt, sie haben nicht das Bedürfnis, ihr Handeln auf eine dogmatische Formel zu bringen, sie sind für ein Sowohl-als-auch, nicht für das Entweder-oder. Der Diplomatie ist der Pluralismus nützlich, mitunter ist er aber auch irreführend.

Eine kleine, kaum noch beachtete Marmortafel an der französischen Botschaft in London, Knightsbridge, erinnert an die Entente Cordiale, die dort 1904 zwischen Frankreich und England vereinbart wurde. Vorab war sie noch keine Allianz, nur eine unverbindliche Liaison, eine Annäherung der beiden Verwandten nach einem fast tausendjährigen Streitzustand.

„Don't interfere", sagt man in England und daran hält sich auch seine Diplomatie – mehr oder weniger. Dennoch ist auch England in den Ersten Weltkrieg „hineingeschliddert". Das Foreign Office und mehr noch der englische Generalstab hatten sich bei den Gesprächen mit den Franzosen auf einige Zusicherungen zum Beistand gegen das ihnen bedrohlich scheinende Deutsche Reich eingelassen, heimliche Halbverpflichtungen, die engagierender waren, als das Parlament wußte: es wäre nicht bereit gewesen, ein so brisantes Präjudiz hinzunehmen. Weder der englischen Nation noch dem Empire, noch den europäischen Großmächten war klar, wie England sich im Kriegsfall verhalten würde. Einen Kriegsgrund für England lieferte erst das Deutsche Reich 1914 durch den operativ begründeten Einmarsch seiner Truppen in das neutrale Belgien, dessen Garantiemacht England war. Aus einem europäischen Kontinentalkrieg wurde ein Weltkrieg.

Am 4. August 1914, 14 Uhr (WEZ), zu der Stunde, da im Westen der rechte deutsche Heeresflügel zum Angriff auf die belgische Festung Lüttich antrat, drahtete die englische Regierung ein Ultimatum zur Wahrung der Neutralität Belgiens nach Berlin, Frist bis 23 Uhr. Um 21.40 ging beim Foreign Office eine Meldung ein, wonach das Deutsche Reich England den Krieg erklärt habe. Die englische Regierung nahm die Herausforderung zum Krieg widerstrebend an, das Foreign Office stellte dem deutschen Botschafter in London eine bestätigende Note und die Pässe zu, dies um 22 Uhr, per Kurier. Kaum war der von seiner Mission zurückgekehrt, erhielt das Foreign Office von seinem Botschafter in Berlin ein Telegramm, wonach Deutschland das Ultimatum ignoriere, England aber nicht den Krieg erklärt habe. Das Foreign Office war entsetzt, durch eine Falschmeldung eine inkorrekte Kriegserklärung abgegeben zu haben, eilends wurde eine neue Note geschrieben, die auf Grund des unbeantwortet gebliebenen Ultimatums auf Krieg erkannte. Es war 23.05, Kriegszustand, als ein junger englischer Diplomat damit bei der deutschen Botschaft, Carlton House Terrace, eintraf. Nach verbaler Überwindung des Butlers gelang es ihm, vom Botschafter, dem Fürsten Lichnowsky, empfangen zu werden und die alte Note gegen die neue auszutauschen. Der Fürst sah weg und wahrte Diskretion, er hat das Foreign Office nie verraten.

Ein Beispiel für die Konsequenzen einer unklaren Haltung und sibyllinischen Sprache der Politik und Diplomatie. Ein Beispiel für die Zustände, wie sie bei einer Krise herrschen, nicht nur damals, nicht nur dort. Und ein Beispiel für diplomatischen Anstand.

Die europäischen Mächte hatten jahrzehntelang vor dem Ersten Weltkrieg eine „Politik des Risikos" getrieben, zuletzt aber, während der Julikrise 1914, kamen ihrer Diplomatie die Dinge aus der Hand. Die Generalstäbe nahmen sich der Sache an und von da an diktierte der Militärmechanismus mit seinen starren Mobilmachungs-, Aufmarsch- und Eisenbahntransportplänen den Gang der Ereignisse. Die Mobilmachung ging nahtlos in den Aufmarsch an den Grenzen über und dieser, einmal aufgedeckt, zog die Eröffnung der Feindseligkeiten unmittelbar nach sich. Eilig gingen die Kriegserklärungen heraus, und schon wurde scharf geschossen.

Ein Grund für das Desaster war, daß zwischen dem Auswärtigen Amt des Deutschen Reiches und dem Generalstab kein Gedankenaustausch und keine Abstimmung der Pläne stattgefunden hatte. Ein anderer Grund war die Unkenntnis der Diplomatie vom Kriegswesen, von der Gewalt des Krieges, von der Kriegsmaschinerie und ihrer Energetik. Sie hatte geglaubt, die Krise unter Kontrolle halten zu können, aus der Politik des Risikos war aber dieses Mal russisch Roulette geworden.

Die Diplomatie arbeitet für den Frieden, die Beschäftigung mit dem Krieg empfindet sie von Berufs wegen als widernatürlich. Da nun aber die Sicherheit das höchste nationale Interesse ist, so ist es ein verkehrtes Bestreben, aus Widerwillen gegen das Unwesen des Krieges sein Wesen außer acht zu lassen. Der Diplomat braucht nichts von Taktik und Logistik zu verstehen, um aber die Vorgänge im Weltgeschehen richtig beurteilen zu können, muß er so viel Kenntnis vom Krieg erwerben, wie der Seefahrer sie vom Wind und Wetter, von der Naturgewalt hat. Seine Betrachtung darf nicht an materiellen Größen haften, sie muß vielmehr auf die geistigen und psychischen Kräfte, die die Materie aktivieren, gerichtet sein. Kein Krieg entsteht urplötzlich, ihm gehen immer Signale voraus, und also verlangte Friedrich der Große vom Diplomaten, „Augen und Ohren aufzusperren und toujours en vedette zu sein“. Die Lagefeststellung allein genügt nicht, er muß sich mit einem Urteil hervorwagen. Wozu eben ein geschulter Blick gehört. Der hat 1914 gefehlt. Nicht nur 1914.

Vergleicht man die archivierten Berichte unsrer auswärtigen Dienste mit den historischen Schriften und Memoiren, die dann einige Hintergründe der Vorgänge aufgedeckt haben, so wird deutlich, wie gering der Einblick in die inneren Verhältnisse der fremden Häuser war. Manch berechnete Indiskretion war irreführend, manches Motiv kam nie zur Sprache, manche Dinge wurden absichtlich nicht aufrichtig erzählt. Wo im Vorraum äußere Erscheinungen den Blick auf sich zogen, führte die Betrachtung nicht über die bloße Beobachtung hinaus.

In den Berichten ist der biographische Anteil gering und unergiebig, kaum daß der Einfluß, den die menschlichen Eigenheiten und Beziehungen auf das Geschehen haben, gebührend berücksichtigt wird. Er kann schlachtentscheidend sein:

Während der Schlacht um Ostpreußen im August 1914 konnte sich die Führung der deutschen 8. Armee nicht erklären, warum der russische General v. Rennenkampf, der Führer der Njemen-Armee, dem bedrängten russischen General Samsonow, Führer der Narew-Armee, nicht zu Hilfe eilte, sondern augenscheinlich sich vorsätzlich zurückhielt, wodurch der deutschen Armee die Umfassung des Gegners bei Tannenberg gelang. Man wäre wohl darauf gekommen, hätte man gewußt, daß die beiden Generale verfeindet waren, seit sie sich zehn Jahre zuvor auf dem Bahnsteig in Mukden in der Mandschurei in aller Öffentlichkeit handgreiflich gestritten hatten.

Kryptokrieg

1980 wurde ich zum Chef des Militärischen Nachrichtendienstes ernannt. Diesem Amt liegt die Beurteilung der Feindlage ob, ein Geschäft, das in die Politik übergreift, daher es auch ihrer Einmischung ausgesetzt ist. Da es sich auf dem Gebiet der Ungewißheit bewegt, unterliegt es der Anzweifelung. Man stieß bei uns auch immer noch auf den alten und sehr ernsten Mangel an aufmerksamer Beachtung und gebührender Wertung des Nachrichtenwesens.

Uns gegenüber stand der bedrohliche Koloß des Ostblocks, jede Krise des Kalten Krieges barg die Gefahr, den Funken ins Pulverfaß zu schleudern. Der klandestine Kampf übertraf alle historischen Maße an Aufwand und Raffinement, wobei sich die sowjetische Firma KGB, GRU & Co. als formidabler Gegner erwies.

Die Kräfteordnung im Osten war bereits vollständig aufgeklärt, die Beurteilung war verzeichnet. Aller Blick war auf die Übermacht des Ostblocks fixiert, die Risse in seinem Bau wurden bei dieser Ansicht übersehen, auch absichtlich. Höhere Mächte dominierten: die amerikanische Weltpolitik, gestützt auf den „military-industrial complex", der mit dem Rüstungsgeschäft die Konjunktur hochtrieb. Sowohl im Westen als auch im Osten wirkte die Angst als Antriebskraft der Wirtschaft und Technologie.

Ich flog (diesmal bequem mit dem Flugzeug) nach Amerika, wo ich die Zentralen der amerikanischen Nachrichtendienste, die DIA im Pentagon, die CIA in Langley und die NSA in Fort Meade, besuchte. Die Lagebeurteilungen dieser Dienste differierten, man spielte Trumpf um den größten Einfluß im Weißen Haus. Es war nicht vorgesehen, die Fäden zusammenzuziehen, spricht sich doch die amerikanische Verfassung gegen jede Zentralisierung von Macht und für den freien Wettbewerb aus. Dies hat zu einer vom Ressortpatriotismus beherrschten Bürokratie geführt und in olympischer Höhe zu grimmigen Rivalitäten und Positionskämpfen in der Arena einer mit einem Megageschäft verquickten Politik. Das letzte Wort hat der Präsident. Der wird im Kriegsrat mit einem Dutzend Meinungen konfrontiert, zuletzt mit der eigenen Meinung.

Der Einblick in Amerikas geheimen Großkonzern mit der mächtigen Kryptomaschinerie erklärte die Abhängigkeit der Verbündeten von der amerikanischen Informationsmacht.

Erfolge blieben im Dunkeln, die Mißerfolge kamen ans Licht. Die Presse spottete: „The big intelligence organizations can always be relied on for one thing – to get it wrong.“ Es ist aber auch schwer, Gedanken zu lesen, Täuschungen zu durchschauen und Menschen dazu zu bringen, die sie anstarrende Wahrheit anzuerkennen, zumal bei uns, im Volk der Besserwisser und Rechthaber.

Die Informationsflut war schon damals stark angestiegen. Dem sowjetischen Militärattaché sagte ich, daß er sich das Herumspionieren bei uns sparen könne, der bei uns öffentlich zugängliche Informationsmarkt böte mehr Stoff an als sich verarbeiten ließe; das Problem sei heute, das Wichtige unter der Masse der Nebendinge herauszufinden. Meine Hauptquelle sei meine Frau, die zu Hause am Fernsehschirm immer gleich das Neueste erführe.

Die Technik schlug die Nachrichtendienste in ihren Bann. Sie konnte aufs genaueste gegen den Gegner aufklären, sein Arsenal und Potential ermitteln und seine Handlungsfähigkeit berechnen. Nicht aber seine Absicht. Das konnte nur der Spion in der fremden Zentrale. In dem Maße, in dem die Technik das uralte Gewerbe verdrängte, nahm die Blindheit zu.

Die Lagebeurteilung war in der Allianz der Westmächte nicht voll entwickelt. Sie erfaßte nicht das Ganze, nicht die Psyche des Gegners, nicht seine moralische Verfassung, nicht seine historische Erfahrung, sondern nur die quantifizierbare Materie. Sie war nichts anderes als eine Statistik mit einer Auflistung von Möglichkeiten feindlichen Handelns ohne Prognose. Die Lage wurde peripher vermessen, nicht seismisch erfühlt.

Im Bündnis war Annäherung. Die Amerikaner sprachen von einer „intel-family“, verteilten „intel-Oscars“ und gaben jedes Jahr in Bonn eine „intel-party“, wo man staunen konnte, wer alles dazu gehörte. Aber es war ja auch Kalter Krieg, heiß an der Front der Geheimdienste auf dem Hauptkriegsschauplatz Deutschland.

Sie waren gut über alles informiert, die Amerikaner, auch über uns. Mr. Polgar, die Graue Eminenz der CIA in der Bundesrepublik, kam gelegentlich zu mir mit einem geheimen, hausinternen Aktenstück von uns und sagte: „This paper seems to have gone astray, it was found, oddly enough, among our incoming mail. You can have it back, but you will do me the favor to give me some more information about the matter indicated in the text."

Wir selbst sind in diesem Geschäft auch immer schon Füchse in Holzpantinen gewesen. Es hat Zeiten gegeben, wo ehrliche preußische Beamte in fremde Diplomatenpostsäcke gegriffen und Depeschen mit gewerbsmäßiger Geschicklichkeit geöffnet, exzerpiert und wieder geschlossen haben. Irgendwann aber bemerkte man in Petersburg ein fremdes Signum auf einem geheimen russischen Aktenstück – den Ein- und Ausgangsstempel der auf Ordnung haltenden Registratur des preußischen Kriegsministeriums.

Welchen Einflüssen ein Nachrichtendienst unterliegt, zeigen die folgenden Beispiele aus den Kriegen mit und ohne Pulver.

1966/67 war ich Nachrichtenoffizier in einem Divisionsstab in Buxtehude, zuständig für die Dorf- und die Weltpolitik. Zu der Zeit war der Vietnamkrieg im Gange. In Washington regierten Präsident Johnson und Secretary of Defense McNamara, die griffen von dort aus im „micro-management" bis in den taktischen Bereich des fernen Krieges ein. Wer ihnen widersprach, wurde entfernt. Zwischen den Nachrichtendiensten herrschte Rivalität, eine Koordinierung fand nicht statt. Das Politbüro in Hanoi war ein Buch mit sieben Siegeln, die Administration in Washington war eine Zeitung. Aus den Nachrichten wurden die ausgewählt, die der Politik ins Konzept paßten. Unter diesen Umständen konnte die richtige Lagebeurteilung nicht dabei herauskommen, die Tet-Offensive 68 sollte es zeigen. McNamaras zahlenfixiertes, technokratisches Kriegsmanagement endete im Fiasko. Er mußte gehen. „We were wrong, terribly wrong", gestand er. Vielleicht hat man eben deswegen die Lehren des Vietnamkrieges so schnell vergessen.

1973, als ich im „Großen Generalstab" in Bonn operative Fragen bearbeitete, spitzte sich die Lage im Nahen Osten zu. Washington signalisierte uns, daß dort Kriegsgefahr im Verzuge sei. Dann berichtete die Presse, daß U.S. Secretary of State Henry Kissinger dem Außenminister Israels, Abba Eban, versichert habe, daß, solange er, Kissinger, seine erfolgreiche „shuttle diplomacy" betriebe, ein Krieg nicht zu befürchten sei. Daraufhin beruhigte sich die Politik wieder. Zwei Tage nach jener Meldung brach der Yom-Kippur-Krieg aus. Kissinger, der viel von seiner Meinung hielt, hatte sich über die Lagebeurteilung der CIA und seines eigenen State Departments hinweggesetzt. In Israel hatte man sich auf ihn verlassen, auch sich selbst über- und die Gegner unterschätzt und sich von ihnen täuschen lassen und war also von dem Angriff Ägyptens und Syriens überrascht worden.

„Circular intelligence" („daisy chain"): Der eine sieht nur deshalb keine Gefahr, weil der andere sie nicht sieht, und der nun glaubt sich durch den in seiner Annahme bestätigt.

Im islamischen Morgenland gärte es. 1979 kulminierten die Unruhen in der Revolution in Iran und dem Aufstand in Afghanistan. Amerika sah seine Positionen im Orient bedroht und die Sowjetunion ihr südliches Vorfeld und ihre islamischen Republiken. Beide befürchteten einen Einbruch des anderen in die eigene Interessen- und Einflußsphäre. In Afghanistan brachten die Aufständischen, von der CIA tatkräftig unterstützt, die kommunistische Regierung ins Wanken. Ende 79 stieg der russische Bär über den Hindukusch – in die afghanische Bärenfalle. In Washington hatte man den Sowjets schon lange ein Vietnam gewünscht. Präsident Reagan ging zur offensiven Einkreisungsstrategie über, „drain them, outspend them, push them off balance to collapse". Die Amerikaner setzten sich in Vorderasien fest. Dem entkeimte in der islamischen Welt ein tiefes Mißtrauen und Ressentiment gegen sie.

Die Sowjetunion war im Westen, Süden und Osten umringt und bedrängt. Zweifelhaft war, ob die Geheimdienste dieser totalitären und ideologisierten Macht ihren Herrschern ein objektives, realistisches Bild der Welt lieferten. Eine Fehlbeurteilung der Lage, eine Fehleinschätzung des Gegners, eine zu scharfe Provokation, eine Überreizung beim politischen Poker – das war der gefährlichste Aspekt des Kalten Krieges.

Der Kampf in Afghanistan wurde in asiatischer Manier ausgetragen. Die Sowjets gewannen militärisch die Oberhand, damit aber noch nicht den Sieg. Zur Überraschung der westlichen Nachrichtendienste gaben sie nach fast einem Jahrzehnt Krieg plötzlich auf. Es knackte im Gebälk des baufälligen Sowjetimperiums. Der Afghanistankrieg war zwar nicht die Ursache davon, war aber doch ein Sargnagel. Die militärischen Verluste, die Mißwirtschaft im Sowjetstaat, die wachsende Not und Mißstimmung im Volk, das schwindende Vertrauen zum kommunistischen Regime, die Dissonanzen in der Partei – es blieb dem Westen nicht verborgen, und doch erfaßte man die Lage nicht. Die Bündnisdoktrin mit dem fixierten Feindbild verstellte die freie Sicht.

Gelehrt hat jener Krieg, daß überall und nirgends widerstehende feindliche Streithaufen in ihrem Land schwer zu bekriegen sind, was die Westmächte füglich hätten wissen können, als sie sich 2001 in ihr eigenes afghanisches Abenteuer stürzten. Und erfahren mußten sie später auch, daß sich die Demokratie in diesem Land der wilden Stämme ebensowenig par force einwurzeln ließ wie zuvor der Kommunismus der Ungläubigen.

Der Afghanistankrieg hatte bereits begonnen, als ich unseren Nachrichtendienst übernahm. In der Sprache unserer Politiker war er ein „Konflikt", ein euphemistischer Ausdruck, der einen Mangel an mutiger Bestimmtheit des Urteils verrät. Unsere Interessen berührte er nicht unmittelbar, indessen ist bei den weltpolitischen Verknüpfungen heute jede Krise, jeder Krieg in der Ferne ein Gefahrenherd, der, wie die Ereignisse von 2001 gezeigt haben, auch Deutschland in einen „Konflikt" hineinziehen kann.

Zunächst suchte man bei uns nach einem Namen für die afghanischen Krieger, „Mudschahidin" ging dem Deutschen schwer von der Zunge und Feder. Ich war für *Guerilla,* ein geläufiger, vor allem neutraler Begriff des Kleinkrieges, wurde aber von der politischen Leitung amtlich eines anderen belehrt: „Freiheitskämpfer!"

Eine Bagatelle, könnte man meinen – wenn sie nicht die Politik präjudizierte. Sie ist erwähnenswert, weil sie die deutsche Politik charakterisiert, von der schon Bismarck sagte, daß sie Gefühlspolitik statt Interessenpolitik sei, eine ausschließlich deutsche Eigentümlichkeit, in der keine Reziprozität läge. Obgleich unsere Lage gegenüber der Sowjetunion dem Sprichwort entsprach: „Wer im Glashaus sitzt, soll nicht mit Steinen werfen", hätte unsere mitfühlende Regierung ihre Freiheitskämpfer gern unterstützt, wenn sie nur frei darin gewesen wäre,

Waffengeschenke auszuteilen. Sie beglückte sie mit warmen, ermunternden Worten, woraufhin die Sowjets ungemütlich mit uns wurden.

Nach dem Abzug der Sowjetarmee aus Afghanistan 1989 verwandelten sich die Freiheitskämpfer in Taliban-Revolutionäre. Demnächst wurden sie zum irregulären Kampfgegner bundesdeutscher Soldaten. Darin lag auch keine Reziprozität für uns.

In diesem Fall entsprang der Beschluß zur Intervention der NATO in Afghanistan dem Schock des Terroranschlages „9/11" 2001 gegen Amerika. Bei den europäischen Alliierten beruhte die Zustimmung auf der Vorstellung von einer Friedensmission. Es war aber ein Krieg. Sie beherrschten ihn nicht.

Anfang der 1980er Jahre wurden die Risse im Ostblock größer. Die Unruhen in Polen nahmen ein Ausmaß an, das eine sowjetische Intervention nach dem 1956 in Ungarn, 1968 in der Tschechoslowakei und soeben wieder in Afghanistan demonstrierten Muster befürchten ließ, war doch die Machtposition der Sowjetunion bedroht.

Die polnische Krise macht die Schwierigkeiten nachrichtendienstlicher Arbeit deutlich. Die Masse der Nachrichten ist ungewiß, widersprechend oder falsch, Tatarenmeldungen, die immer Vorrang im Umlauf haben. Selbst wenn die Tatsachen richtig herausgefiltert sind, bleibt die Absicht des Gegners noch im Dunkeln.

Während der polnischen Krise brachten öffentliche, amtliche und geheime Nachrichten wenig Licht in die wirren Zustände, am ehesten noch die Botschaften des Vatikans. Die Beurteilung der Lage mußte aus fragmentarischen Informationen und professioneller Erfahrung entwickelt werden. Alle westlichen Nachrichtendienste hielten eine sowjetische Intervention in Polen für wahrscheinlich, eine Annahme, die sich nicht bestätigen ließ – wie auch, wo die Machthaber im Kreml selbst unschlüssig waren, ob sie eine Bajonettexpedition riskieren sollten. Sie unterblieb, einen Hauskrieg konnten die Sowjets jetzt nicht mehr vertragen.

Ein Lehrstück lieferte der Falklandkrieg 1982. Beide Seiten hatten die Situation falsch eingeschätzt. Das Foreign Office in London hatte die „unpleasant reality" nicht wahrhaben wollen – man hatte es unterlassen, die Sicht der Argentinier in die eigene Lagebeurteilung einzubeziehen.

Nicht alles ging schief. Mitte Juli 1974 bekam ich als Militärattaché in London unter der Hand den Hinweis, daß man in Whitehall mit einer türkischen Invasion Cyperns am 23. rechne. Ich drahtete die Mitteilung chiffriert nach Bonn, kam aber mit den Ziffern durcheinander und setzte das Datum auf den 20. Die Türken landeten am 20. Ich war König („von Gottes Gnaden").

Diese wenigen Beispiele zeigen, woran die Sache krank liegt: an der Blindheit des Willens, der die Wahrheit nicht sehen, sondern in seinem Irrtum bestärkt werden will, an der Herrschsucht und Eitelkeit jener, die sich den Geheimdienst zum Werkzeug ihrer Interessen und Ambitionen machen oder ihn übergehen. Der beste Nachrichtendienst nützt nichts, wenn er manipuliert oder ignoriert wird. Das Problem ist, daß dies ein Problem ist.

Angesichts der Gefahr eines Krieges, der Katastrophe einer Massenvernichtung, galt es, sämtliche Mittel der Geheimdienste zur rechtzeitigen Warnung einzusetzen.

Die Kollektion der „spy gear", die mir in der CIA gezeigt wurde, verdeutlichte den Fortschritt der Technik im Zeitalter der Akzeleration: ständig verfeinerte Instrumente, mit denen es der CIA gelungen war, tiefe Einbrüche in die sowjetischen Tresore zu erzielen, inzwischen überholt von der umwälzenden Entwicklung der Digitaltechnologie. Durch die Magie der Technik sind die Kryptodienste nun in den Besitz von Aladins Wunderlampe gekommen.

Das Wissen nimmt zu, die Urteilsfähigkeit nimmt ab. Der Datenspiegel reflektiert die Wirklichkeit, aber nur deren Oberfläche. Die arithmetische Logik ist beweiskräftig und besticht das Urteil, hat aber doch bloß den Bestand erfaßt, nicht die Substanz. Mit der Informationsjagd, dem Ausbau der Apparatur und dem bürokratischen Existenzkampf sind die Nachrichtendienste mehr beschäftigt als mit ihrer Hauptaufgabe, ein erhellendes Lagebild mit einer Vorbeurteilung von Entwicklungen zu produzieren. Der englische Intelligence-Colonel Hughes-Wilson: „The bean counters shy away from taking risks to predict future events", zumal bei den „ghost wars" unserer Zeit.

Die hochgehende elektronische Flutwelle verändert das klandestine Handwerk fundamental. Die Rolle des Agenten hat sich vom abenteuerlichen Kundschafter zu einem abseitigen Researcher im elektronischen Netz verschoben. Nicht die Technik unterstützt nun die Tätigkeit des Spions, sondern der Spion die Aufklärungs- und Abwehrtätigkeit der Technik. Die elektronische Aufklärung hat schon im Zweiten Weltkrieg und im Kalten Krieg den wertvollsten Beitrag zum Nachrichtendienst geliefert. Sie bedarf der Verifikation und Ergänzung durch Spionage, „denn was man einem vor die Augen bringen kann, gibt man ihm am sichersten“ (Goethe).

Die Abgleichung der technischen Kräfte, etwa im „cyber war“, ist auch ein Gebiet des Krieges, das Bestreben aber, die Kriegführung zu digitalisieren und zu automatisieren, ist eine unhaltbare Beschränkung gegen die Macht der Elemente, die den Krieg bewegen. Er ist eine unbestimmbare, wandelbare Größe, die mehr den Einwirkungen der Willenskraft, des Gemütes und des Zufalls als denen der Materie unterliegt. Die Wirklichkeit entzieht ihn einer Algebra des Handelns. Das übrigens wußte man schon zu Archimedes‘ Zeiten.

Die Technik dringt in die höchsten Regionen des Magnetismus, der Optik und der Akustik ein, ahmt biologische Nervensysteme und Geisteskräfte nach und überholt deren Leistung in der Wahrnehmung und Übermittlung. Und sie mutiert die Denkweise des Menschen. Seine Zitadelle ist das Urteilsvermögen – die Freiheit des Geistes belagert von der Technik.

Die Technik ist zu einer Weltmacht geworden, ihr Idiom zur Weltsprache. Alle Welt erliegt ihrer magischen Anziehungskraft. Der Gewinn, den sie bringt, ist exorbitant. Er verdeckt die Verluste. Unübersehbares ist unwiderruflich in die Wege geleitet worden. Die Gefahrenquellen reichen von der Explosionstechnik bis zum technokratischen Absolutismus. Man arbeitet daran, der Maschine das Denken, Entscheiden und Handeln beizubringen, einen Homunculus aus ihr zu machen. Da das Ding aber kein Produkt der Natur ist, so sind dem hybriden Experiment von Grund aus Grenzen gesetzt. Eine ferne Stimme mahnt: „Leute, bleibt bei Verstand, dem gesunden Menschenverstand, dem von der Natur gestifteten.“ Wer wollte bestreiten, daß die Natur unübertrefflich ist?

Im militärischen Bereich schneidet die Technik besonders tief ein in das Nachrichtenwesen und die Führungsverhältnisse. Die Freiheit des Handelns im Felde beruhte früher auf dem Umstand, daß sich die

Verbindung zwischen Staatsmann und Feldherr nur durch reitende Boten herstellen ließ. Heute ermöglicht die Technik der Politik ein augenblickliches und unmittelbares Eingreifen in das Geschehen auf fernen Krisenpunkten und Kriegsschauplätzen. Der Befehlshaber selbst kann dazu verführt werden, über die Köpfe seiner Unterführer hinweg zu handeln. Die Wirrnis, die dadurch in der alten Befehlsordnung entsteht, erhöht sich durch die Anflutung von Informationen. Die schier unbegrenzte Leistungsfähigkeit der Kommunikationsmittel hat ein Volumen erzeugt, das unter Gefechtsbedingungen nicht mehr zu bewältigen ist. Jede Meldestelle sucht die pathologische Informationssucht der Obrigkeit zu befriedigen und sich selbst gegen Pannen abzusichern, indem sie den Verteiler maximal erweitert. Im Nachrichtenstrom entsteht ein Stau. Befehle und Meldungen, die zunächst als „Routine" behandelt wurden, werden als „Priority", dann „Immediate", zuletzt „Flash" eingestuft, wodurch sich der Stau von unten nach oben verlagert. Der Befehl „Minimize" hilft nichts. Während des Falklandkrieges 1982 hatte die improvisierte *Staff Intelligence Cell* auf dem englischen Flaggschiff *Hermes* binnen der zehn Wochen dieses Krieges 170 000 Funksprüche zu bearbeiten.

Das beste Kommunikationsmittel ist immer noch das Telefon, dazu nun der Sprechfunk über Satelliten. Die gesprochene Sprache ist durch den vertrauten Ton und Jargon nuancierter und eindringlicher als die geschriebene steife Amtssprache. Sie stellt die durch die Entfernungen verloren gegangene persönliche Fühlung wieder her.

Die Lagebeurteilung übernimmt jetzt der Computer, er verfährt dabei rein rechnerisch – nicht immer so verläßlich wie geglaubt. Im Golfkrieg 1991 wurde die Stärke des Gegners auf mehr als das Doppelte berechnet (600 000 Mann) als sie es war (250 000), der Gefechtswert der Truppen weit übertrieben, was bewirkte, daß der Feldzug wochenlang hinausgezögert wurde.

Die Leistungsfähigkeit der Technik hat zur Zentralisierung der Befehls- und Kommandogewalt geführt. Der Falklandkrieg wurde von Northwood in England aus geleitet, wobei es wiederholt zu Übergriffen in der Befehlsordnung kam. Die Amerikaner haben sich weltweit zentrale Kommandobehörden eingerichtet: das *Central Command* mit Hauptquartier in Florida, zuständig für militärische Operationen im

Nahen und Mittleren Osten, das *Indo-Pacific Command* in Hawaii, dessen Operationsbereich nicht nur den Fernen Osten, sondern auch die halbe Erdoberfläche umfaßt. Während des Vietnamkrieges war sein Befehlshaber am oberen Ende seiner Position an das Weiße Haus in Washington angeschlossen, am unteren Ende an einzelne Zerstörer. Der Zwischenfall in der Tonkin-Bucht 1964 zeigt die Notwendigkeit einer politischen Überwachung kriegerischer Vorfälle, aber auch das Problem, das eine zentralistisch regierende Führung mit dem tückischen Detail hat.

Der Durchgriff sichert der Politik die Macht ihres Willens, er bringt aber Unordnung und Irritation in den Organismus des Kommandogefüges. Zur Wirksamkeit der Macht das richtige Augenmaß zu haben wäre ein Zeichen von Staatsweisheit.

Indem die Technik das Problem der Verbindung gelöst hat, schuf sie neue Probleme: „Es ist dafür gesorgt, daß die Bäume nicht in den Himmel wachsen." Dies entspricht der Weltordnung nach dem Gesetz des Gleichgewichts der Kräfte in der Natur.

„It should come as no surprise that spy agencies spy." („Economist"). Im geteilten Deutschland wimmelte es von Spionen. Die Aufgabe der Absicherung des militärischen Bereiches lag dem uns beigeordneten Militärischen Abschirmdienst ob. Der mich zu den Besprechungen im Bundeskanzleramt begleitende stellvertretende Amtschef, Oberst Krase, war ein Kenner seines Faches, kränkelte aber und starb ein paar Jahre später an Krebs. Nach seinem Tode wurde er durch die Aussage von zwei Überläufern als ein Spitzenagent des ostdeutschen Geheimdienstes enttarnt. Ein „Selbstanbieter": Er ging hin zu den Hohenpriestern des kainitischen Regimes und sprach: „Was wollt ihr mir geben? Ich will sie euch verraten." Und sie boten ihm, was er ihnen wert war: dreißig Silberlinge. Und von da an suchte er Gelegenheit, daß er ihnen ein jeglich Ding, das ihm vor Aug und Ohr kam, verriete. Sie wußten, daß in dieser korrupten Welt Geld alles vermögend ist und selbst den Treueschwur brechen kann.

Daß die Terroristen mich auf ihre Attentatsliste setzten, ging auch auf seine catilinarischen Einflüsse zurück.

Auf seiner Todesanzeige stand ein Zitat von Saint-Exupéry: „Man sieht nur mit dem Herzen gut. Das Wesentliche ist für die Augen unsichtbar."

Die Ost-West-Partie war im Patt. Man spielte unterirdisch um Positionsgewinn mit Bauernopfer. Verrat war stets dabei, im Osten mit Genickschuß verrechnet. Der Staat liebt das Spiel mit dem Verrat, nicht den Verräter.

Die meisten Spione waren kleine Fische. Unter denen der höheren Kategorie waren viele Doppelagenten, die, weil so auch noch nützlich, keine Seite auffliegen lassen wollte. Die Überläufer kauften sich ein, indem sie ihre Genossen verrieten.

Die Gesinnung der Agenten schwankte, in der sich umformenden Welt hatten sie die Orientierung verloren. Der Patriotismus und die Nationalidee waren zweideutig geworden, die Ideologien verloren an Überzeugungskraft. Der hin und her pendelnde Agent zog sich auf sich selbst zurück, blieb nur noch sich selbst treu, schließlich war der eigene Vorteil nicht nur ihm höchstes Gesetz. Die Überzeugungstreuen hielt der Glaube an die in ihren Augen gerechte Sache, der sie dienten, und an das System, dem sie vertrauten. Und sie glaubten auch noch an etwas Altmodisches: Treue und Dankbarkeit. Zu einer Gedenktafel hat es nicht gereicht.

Die Politik ließ eine gute Kenntnis dessen erkennen, was an Moralität von ihr erwartet wurde, sie verschwieg weislich die Kenntnis dessen, was auch an Amoralität zur Herrschaft notwendig ist. „Lasset uns Übles tun, auf daß Gutes daraus komme." (Röm. 3,8).

Die Geheimdienste betrieben das ihnen zugewiesene Staatsgeschäft pflichtgemäß, nüchtern und skrupellos, das Moralisieren besorgten die Pharisäer und die weltfremden Gerechten.

Einen erhabenen, weil unbeteiligten Beobachter der Szene mag es drängen, sich mit Sokrates auf die Bank der Spötter zu setzen, doch wird er zugeben müssen, selbst auch schon in seiner Gegend herumspioniert, einiges ausgespäht und abgelauscht, manches auch verraten und sabotiert und noch kräftig eins draufgelogen zu haben, um dabei zu entdecken, daß die weniger tugendhaften Eigenschaften nützlicher sind als die tugendhaften, er aber gut tut, sie zu tarnen und das Publikum über seine Talente zu täuschen. Ist es nicht also, im Kleinen wie im Großen?

Zur Ausspähung, zur Täuschung und zum Verrat, so bemerkte der römische Zensor Cato, habe der Mensch eine natürliche Neigung und ganz ausgezeichnete Anlagen.

Verhallte Worte

(aus meinen damaligen Vorträgen, Dienstschriften und Notizen)

Unsere Aufgabe als Nachrichtendienst ist, der Regierung vorauszusagen, was morgen hinter dem Eisernen Vorhang geschieht und ihr übermorgen zu erklären, warum es nicht geschehen ist.

Hinter dem Vorschieben der russischen Grenze während der zaristischen Ära stand der Eroberungswille, aber auch das Bedürfnis, das russische Reich durch ein Vorfeld zu sichern. Nicht anders verhält es sich mit dem Expansionsdrang der Sowjetunion. Je größer aber das slawische Imperium, desto antirussischer.

Als kommunistische Diktatur ist das hochgerüstete Rußland nicht nur gefährlich, sondern auch selbst gefährdet. Der Aufwand, den Rußland auf seine äußere Macht verwenden muß, erschöpft seine ökonomische Kraft im Innern. Auf den Machthabern im Kreml lastet der Albdruck einer Staatskrise.

Lange werden die Sowjets das Wettrüsten nicht mehr durchhalten können. Der Ostblock läßt Anzeichen einer Desintegration erkennen. Der Fall muß dringend durchdacht werden, sowohl in Hinsicht auf seine Gefahren als auch auf unsere Chancen. („Bundeskanzlerlage" 1981, ein Jahrzehnt vor dem Fall).

This NATO intelligence assessment has been cautiously based on „maybe" and now reads like a weather report. Whatever happens, one can always find cover in it somewhere. We have to dare to be wrong to be clear in our prognostic judgement. As long as we stick to the facts and probabilities we can afford to take this risk. (NATO Intelligence Conference 1982).

Einander widersprechende Nachrichten fordern die Kritik selbst heraus, gefährlicher sind bestätigende Nachrichten, die als Blasebalg von

Eigeninteressen ins Wunschbild passen. Ein solches pflegen gern auch höhere Kreise. Es ist irrig zu glauben, daß die Wahrheit überall beliebt oder auch nur erwünscht ist.

Jede Weissagerin weiß, daß man sich an das Wahrscheinliche halten muß, will man mit seinen Geschichten aus der Kristallkugel ungefähr richtig liegen. Sonst wären sie ja auch unwahrscheinlich.

Übertreffen können wir die fixen Preßbengels nur in der Fachkunde und im Urteil. Darauf sollte es der Politik ankommen. Das Sensationsbedürfnis ist stärker, das Vorurteil schneller. Es haftet.

„Information threatens to overwhelm wisdom." (Kissinger). Was inmitten der rotierenden Welt der Technik fehlt, das sind die stillen alten Denkhütten, die ohne Anschlüsse, jene Orte der kontemplativen Abgeschiedenheit eines Archimedes: „Störe meine Kreise nicht!"

Es mag Sie überraschen zu hören, daß es noch eine wirkliche Welt außerhalb der technischen Informationssphäre gibt.

Das ewige Gebet aller Nachrichtendienste: „Es werde Licht! Und es ward Licht." Gemeint ist „das kleine Licht, das die Nacht regiert".

Vortrag über Rußland, 1982

„Europa und Asien", „Orient und Okzident", „Morgen- und Abendland" – das sind unfeste, umstrittene Begriffe. Noch heute ist nicht recht klar, wo eigentlich Europa endet und Asien beginnt. Rußland inmitten hat sich immer von allen Seiten bedroht gefühlt, seit der Zeit des Einbruchs der mongolischen Horden und noch immer, heute mehr auf seiner Westseite als auf der Ostseite, und also hat es das Gewehr auf uns angeschlagen. Das Ost-West-Verhältnis ist unnötig gereizt und feindlich. Man schlägt sich gegenseitig die Fensterscheiben ein, ohne gegen den Schaden versichert zu sein.

Rußland wurde in der Neuzeit die führende Macht im Osten. Unter dem Einfluß des panslawistischen Chauvinismus weitete es sich erheblich nach Osten und Westen aus, sein Expansionsdrang gravitierte dann nach Süden in das Niemandsland zerfallener islamischer Staaten, in die russische Grenzbefehlshaber meist eigenmächtig eindrangen und sich die halbnomadischen, räuberischen Stämme unterwarfen. In Petersburg hielt man ein vom Säbelregiment zaristischer Kosaken beherrschtes Vorfeld für die beste Sicherung der eigenen Grenze. Im Zweiten Weltkrieg eroberte sich die Sowjetunion Osteuropa und fesselte es an sich, womit sie sich weltpolitisch der Isolierung aussetzte. Der historisch eingewurzelten Auffassung, daß das großrussische Reich nur autokratisch regiert werden könne, widerspricht eine unruhige Fronde im sowjetischen Ostblock. Erkennbar ist, daß sich das russisch-sowjetische Imperium überdehnt hat. Die Klammer der abgestumpften kommunistischen Ideologie hält den Vielvölkerstaat kaum noch zusammen. Der Druck der Westmächte, Chinas im Osten und des Islams im Süden hat sich verstärkt, die Einflußsphäre der Sowjetunion verengt sich. Der zentralistischen Planwirtschaft droht der Bankrott, die aufwendige Rüstung verschlingt den Rubel. Wenn man im Kreml aus diesem Mißstand der Dinge die Folgerungen ziehen will, so wäre es natürlich, Rußland und seinen Machtbereich neu zu vermessen und sich defensiv zu verhalten.

Das „Europäische Rußland", das sich im Geist der Aufklärung herausgebildet hat, war zur Zeit der monarchischen, miteinander verwobenen Dynastien europäischer als je zuvor oder hernach, anerkannter Teilnehmer am Turnier der Macht europäischer Staaten, Klassen und Ideen. Trotz Panslawismus empfand sich Rußland damals als integraler Bestandteil Europas. Der Kommunismus, der Weltkrieg und der Kalte Krieg haben dieses Zusammengehörigkeitsgefühl zerstört und eine neue künstliche Grenze zwischen Ost und West mitten durch Europa gezogen.

Die Trennung läßt sich nicht aufrechterhalten, die Bindung Rußlands an Europa ist stärker als die an das Slawentum und an den Kulturkreis Asiens, die westliche Denkweise und Lebensart setzt sich immer stärker im russischen Leben durch. Die Bestrebungen bedürfen der Vermittlung, etwa nach der Art der Politik „Bismarckows".

Rußland blickt wie sein alter heraldischer Doppeladler nach Westen und Osten. Es wäre ein kulturhistorischer Fehler, Rußland an Asien abzutreten.

Man sollte sich im Westen allmählich angewöhnen, in der Sowjetunion das europäische, christliche Rußland zu sehen und sich bemühen, Wege der Annäherung daran zu finden. Hinter dem Festungsgraben des kommunistischen Regimes, hinter der Mauer des von italienischen Baumeistern errichteten Kremls ist ein Fundus europäischer Kultur sichtbar, lebt die für die Ausstrahlung Europas empfängliche russische Seele.

Vortrag über Amerika, 1982

Die Geschichte Amerikas gleicht der eines Vulkans: lange ruhig und wenig beachtet, langsam brodelnd, um dann plötzlich zu eruptieren. In den alten Geschichtsbüchern kommt Amerika nur am Rande vor, in den Weltnachrichten unserer Zeit ist es Schlagzeile. Die längste Zeit seiner Geschichte war Amerika isolationistisch und die längste Zeit auch wurde seine Kraftentwicklung übersehen und unterschätzt.

„Avoid entangling alliances and conflicts and wage war only if attacked", dies war die Mahnung der „Founding Fathers" Amerikas. Die Nachkommen haben sich das 19. Jahrhundert hindurch daran gehalten. Von außen ungestört, formierten sie den heterogenen Einwandererstrom zu einer Nation mit einem Staatswesen nach eigenen Vorstellungen. Das gelungene Werk gab ihnen das Gefühl, daß ihre Sache gut, rechtens und gottgewollt sei, es pflanzte ihnen einen Missionsglauben ein. Nach dem Zweiten Weltkrieg zur Weltmacht aufgestiegen, sah sich Amerika gezwungen, universale Verantwortung auf sich zu laden. Bedroht vom Kommunismus, mußte es widerwillig zu einer Politik des Interventionismus übergehen. Sein Idealismus wurde gedämpft durch die Erfahrung, daß befreite Völker zwar bereitwillig Schutz, Geld und Hilfe annehmen, aber nicht dankbar sind, sondern anspruchsvoll, meist illoyal, oft feindlich. Aus seiner zwanghaften Lage konnte es sich nicht mehr befreien. Denkbar ist es dennoch, denn in Amerika, wo die Außenpolitik immer Spielball der Innenpolitik gewesen ist, kann die Stimmung der Nation jederzeit wieder in jenen Isolationismus umschlagen, den die Gründungsväter einst empfohlen hatten. Die Neigung dazu ist immer noch latent in ihr.

Erstaunlich ist, wie falsch man in Europa Amerikas Potenz noch im 20. Jahrhundert eingeschätzt hat. Nach Eintritt in den Zweiten Weltkrieg hat Amerika eine Streitmacht aus dem Boden gestampft, die imstande war, schon nach wenigen Monaten im Pazifik offensiv zu operieren. Mit seiner eingespielten Massenproduktion und der Massenausbildung mobilisierte es ein Millionenheer und wuchs binnen drei Jahren zur stärksten Luft- und Seemacht der Welt auf.

Die Produktionszahlen seiner Rüstungsindustrie gingen in die Millionen und übertrafen bei weitem die der Gegner wie auch die der Verbündeten Amerikas, eine riesenhafte Arbeitsleistung in Rekordzeit, nicht nur was die industrielle Kapazität betrifft, sondern auch die organisatorische, geleitet von Unternehmern und Managern des Schlages wie jene, die den Panamakanal, die Fließbandindustrie und das Wall-Street-Imperium geschaffen hatten.

Amerikas Weltpolitik, die „Pax Americana“ mit dem Placet der Demokratie in dem so verdienstvollen Kampf um Recht und Freiheit auf Erden, stützt sich auf die Macht der Waffen und die des Dollars: „novus ordo seclorum“, wie auf jeder (Ein-) Dollar-Note geschrieben steht. Es geht nicht ohne Macht und Drohung.

Amerika wird einschreiten, wenn seine Positionen und Interessen bedroht sind, daher auch in Europa. Ewige Dauer ist aber keinem Bündnisvertrag gesichert. Für ein Europa ohne Amerika hinter sich wäre keine Assekuranz gegen Feuer und Einbruch mehr vorhanden. Der Adler und Löwe, den Europas Staaten so stolz in ihrem Wappen führen, wirkt nicht mehr überzeugend. Und also sprach Voltaire: „Wer ein scharfes Schwert zieht, wird sich die unterjochen, die mehr Gold und weniger Courage haben.“ Drohung genügt.

Es wäre unklug von Europa, die atlantische Brücke durch antiamerikanische Schwingungen zu gefährden. Sie ist für Amerika zwar von hohem Wert, für Europa aber von noch höherem.

Nachtrag

Noch zu erwähnen wären die Krisen und Kriege im Orient, die in den 1980er Jahren ihren Anfang genommen und bis heute, ein Vierteljahrhundert später, noch immer kein Ende gefunden haben.

Es ging um Macht und Dogma und darum, „to secure a guaranteed flow of cheap oil“ (U.S. Policy Guideline).

Das orientalische Drama hatte sieben Akte. Der erste Akt war der Irak-Iran-Krieg 1980, eine schismatische Kontroverse, aus der ein achtjähriger, im Remis endender Zermürbungskrieg wurde. Den Amerikanern kam er gelegen, denn die „mad mullahs and revolutionary hordes“ Irans machten auch ihnen weidlich zu schaffen und Iraks Herrscher Saddam Hussein war unberechenbar. Ihnen war es um das Gleichgewicht der Kräfte im Nahen Osten zu tun, keine regionale Macht zur Vormacht werden zu lassen und auch den Sowjets ein Vordringen im Orient zu verwehren. Sie unterstützten beide Seiten, Irak und Iran, diskret, „covert support“.

Der irakische Militärattaché in Bonn, dessen Meinung ich damals einholte, sprach allgemein von einer Verschiebung der Machtverhältnisse, dann aber mit auffallendem Nachdruck von Bagdads historischem Anspruch auf Kuwait, „Iraq‘s nineteenth province“ – ein Aspekt, der mir wegen der westlichen Interessen an dem Ölstaat bedrohlich schien. Ich machte darüber eine Aufzeichnung mit einer Vorbeurteilung der Lage, die aber, weil sie nicht aktuell sei, von unserm Auswärtigen Amt nicht beachtet wurde.

Die weiteren, zum Krieg um Kuwait führenden Ereignisse (die sich nach meiner Dienstzeit abspielten) sind lehrreich. Der Krieg gegen Iran hatte Irak abgewirtschaftet. Die arabischen Brüder verweigerten Saddam Hussein die Hilfe. Er drohte mit dem Zugriff auf Kuwait. Die westlichen Nachrichtendienste hielten das für Bluff. Washington reagierte schwach. Die amerikanische Botschafterin in Bagdad, April Glaspie, blieb ohne klare Weisung, Saddam gegenüber drückte sie sich diplomatisch undeutlich aus. Er interpretierte es als grünes Licht. Das brisante Gemisch von irriger Lagebeurteilung, unklarer Politik und unsicherer Diplomatie wirkte als Zünder ohne Verzögerung, die Überraschung war vollkommen.

Saddam Husseins Annexion des Ölstaates Kuwait 1990 war der zweite Akt. Große Reichtümer kleiner Scheichtümer wecken bei Kalifen kleptomanische Gelüste. Nicht nur bei Kalifen.

Der Golfkrieg 1991, der Vorstoß der Westmächte in den Orient, stach in das islamische Wespennest, was eine Kette weiterer Gewaltakte nach sich zog, so den Anschlag „9/11“ 2001 in Amerika, den Afghanistankrieg 2001 und den Irakkrieg 2003, dieser ein Paradebeispiel für „intel-hocuspocus“.

Mit luftbildartigen Vorstellungen vom Orient teilten die Westmächte die Völker dort nach Nationalstaaten ein, wie sie auf der Landkarte als kolonialer Flickenteppich markiert sind. Das Schisma zog seine Grenze quer hindurch. Vorherrschend blieb die uralte ethnische Stammesordnung, tausend eigenmächtige, zwischen Dollar und Scimitar fluktuierende Stämme – offen für „bakshish-intel“ gegen Märchen aus Tausendundeiner Nacht.

Der siebente Akt waren die an diesen Bränden sich entzündenden Bürgerkriege in Staaten mit ethnisch und religiös gemischter Bevölkerung, mit Grenzen im Sand, die einst auf der Karte willkürlich mit dem Lineal gezogen wurden. Da bekämpfen sich Stämme, zelotische Sekten und säkulare Parteien, was Tausende an Opfern einfordert. Daß der Bürgerkrieg tiefer eingreift als der Krieg der Nationen, bestätigt die Erfahrung, daß er von intervenierenden Truppen, die dem Morden keinen Einhalt gebieten können, nicht zu bewältigen ist. Auch nicht durch Bombardierung, wie sie bei Interventionen als politisch konvenierende Aushilfe dient.

„How about diplomacy?“, fragt der „Economist“. Auch mit dem Diktator. Im Tumult sei der nützlicher als das demokratische Experiment. Es gehört ein ungewöhnliches Maß von politischer Torheit dazu, ein Land wie Libyen (2011) ins Chaos zu bomben.

In Revolutionen obsiegt alsbald die Partei, die am besten organisiert ist und am rücksichtslosesten vorgeht. Bürgerkriege schleppen sich hin, werden aber zunehmend durch Vermittlung und Verhandlung beendet, dann, wenn die Umstände sich geändert haben, etwa schwindende Aussicht auf den Sieg, Ermattung, Uneinigkeit, Tod der Anführer, internationaler Druck mit der finanziellen Daumenschraube und der diplomatischen Heckenschere. Ein äußerst komplexes Problem, doch am Ende ist das Wort.

Wenn militärisch interveniert werden muß, weil politische oder moralische Verpflichtungen es erfordern, dann mit dem Zusatz „going in hard – clout, not dribble“, wie der englische General Richards es im Jahre 2000 in Sierra Leone in einer energisch ordnenden Aktion mit Kommandotruppen demonstriert hat. Der Handstreich kampfkräftiger Spezialkräfte unter einem entschlossenen Führer vor Ort richtet in einer beim Feind noch nicht konsolidierten Lage mehr aus als eine verspätete Großoperation.

Der Blick schweift über die gegenwärtigen Brandherde hinaus in die Zukunft. In Rußland, das die Westmächte im euphorischen Triumph des Sieges über die Sowjetunion falsch beurteilt und behandelt haben, regen sich Restaurationsbegehren und Arrondierungsgelüste: „Gelegenheit macht Diebe.“ In Asien wächst der chinesische Drache, er könnte Feuer speien. Auch anderswo mehren sich drohende Zeichen.

Noch besitzt Amerika das Supremat in der Welt, die Herrschaft zur See und in der Luft, nur Amerika kann militärische Macht global expedieren, nur Amerika kann einige Ordnung in die politische und finanzielle Wirrnis der Welt bringen. Aber Amerika könnte seine Vormachtstellung in der Welt womöglich verlieren, seinen strategischen und technologischen Vorsprung; die Hightech-Kapazität wächst und proliferiert rapide, das Machtstreben anderer auch.

Amerika hat die Potenz, den Vorsprung zu halten, es wird sich zu schützen wissen; inwieweit auch die freie Welt, hängt ab von seinem politischen Willen in der Strömung von Idealismus, Pragmatismus und Isolationismus. Ein Europa ohne die schützende Hand Amerikas stünde auf abschüssigem Terrain gegen die Welt.

Dazu nun der Terrorismus, kein neues Phänomen, in seiner Wirkung und transnationalen Ausbreitung aber doch ohne historische Vorbilder. Militante Minoritäten bringen die Staatspsyche aus dem Gleichgewicht. Unter den Einbußen steht die Freiheitsminderung an erster Stelle. Der Sicherheitsaufwand absorbiert die Geheimdienste. Die Polizeiapparate werden größer, die Heere kleiner. Während die Westmächte ihr Wehrpotential reduzieren, bauen autoritäre Regime das ihrige auf und werden dreist und auslangend.

Der gnadenlose Kampf im Untergrund, wie er seit 1948 zwischen Israel und seinen islamischen Feinden geführt wird, belehrt nicht jeden. In Tel Aviv hält man die Europäer für naiv und Europas Sicherheitspolitik für grob fahrlässig.

Ein zeitgemäßer Buchtitel: „Welt aus den Fugen". Das war sie freilich immer schon, erhalten hat sie sich durch eine Politik auf Krücken.

Der Anblick des mächtigen Gebäudes der CIA in Langley ließ mich an Friedrich den Großen denken. Der hatte seine Spione in allen feindlichen und freundlichen Höfen Europas sitzen, „freygebig, ja verschwenderisch belohnet, da sie doch um Unsers Dienstes halber den Strick wagen", auch ein paar Minister in fremden Kabinetten, die der knausrige König üppig bedachte. Die Lage beurteilte er selbst. Seine Pläne behielt er für sich. In seinen Gesprächen und Briefen streute er irreführende Nachrichten aus. Sein vorzüglich funktionierendes Nachrichtensystem kam mit wenig aus – mit nur einem klugen Kopf eben.

Auch an Bismarck dachte ich, an seine Meisterstücke der Lagebeurteilung. Leider die letzten der deutschen Politik.

Es ist nicht möglich, den Wert der Nachrichtendienste zu messen, der Schatten verdeckt ihn. Auf dem Capitol Hill in Washington konnte man sich nicht einig werden in der Frage, wie viel Anteil an der Beendigung des Kalten Krieges der CIA nach vier Jahrzehnten harten Kampfes mit dem Gegner gebühre. Auch nicht in der Frage der Objektivität ihrer Influenzen.

Die Potentaten der amerikanischen „intelligence community", denen ich begegnet bin, William Casey, Frank Carlucci, Admiral Inman, General Williams, waren „players in the power-game". Diese Jongleure im politischen Ränkespiel, die alle Eingänge und Notröhren des Fuchsbaus am Potomac kannten, kämpften verbissen um Macht und Einfluß. Wer in dieser Titanenwelt agiert, mag einiges in ihr bewegen, er kann sie aber nicht objektiv beurteilen. Je mehr er sich im Netz der Interessen verfängt, desto mehr unterliegt er dem Vorurteil, je mehr er zum Akteur wird, desto mehr verengt sich sein Blickfeld, verschiebt sich der Schwerpunkt seiner Wirksamkeit. Aktion und Observation sind ein strittiges Gespann. Der Wille hat die Macht, der Verstand ist sein Diener, oft der Lakai. „Das Gefühl ist, wenn es zur Entscheidung kommt, stärker und standhafter als der Verstand des Verständigen.“ (Bismarck).

„Will it ever get any better?“ fragte ich Sir Arthur Franks, damals der Chef des britischen Secret Intelligence Service. – „That's unlikely, it wouldn't suit human nature.“

Salomo predigt, daß Wissen ohne Weisheit auf einem Weg ohne Licht schreite. Wir erleben jetzt eine technologische Revolution mit einer steigenden Anflutung von Informationen und Ziffern. Sie zielen ab auf die quantitative Erfassung der Masse, auf das Berechenbare. Jede Widerlegung durch das Unberechenbare wird verworfen. Die Methode stützt sich auf die automatisierte Meßkunst. In dem Maße, in dem das Denken automatische Züge annimmt, schwindet die Bildung und mit ihr die Fähigkeit, das Ganze in seiner Breite und Tiefe zu erkennen, zumal wo es in das Vereinzelte aufgespalten und davon nur das Aktuelle, das Akzidentielle betrachtet wird. Daß es Vorgänge gibt, die jenseits des von der Technik erfaßbaren Bereiches obwalten, wird nicht begriffen: den technokratischen Kryptomanagern entgehen ganze Teile der Wirklichkeit. „Denn mit sehenden Augen sehen sie nicht, und mit hörenden Ohren hören sie nicht: denn sie verstehen es nicht … und tun sich schwer im Kopfe.“ (Matth. 13. Kap.).

Einem früheren Chef eines Geheimdienstes ziemt es nicht, alte Geheimnisse auszuplaudern, und so habe ich hier denn auch nur solche erwähnt, die nunmehr offen sind, gerade nur so viel, um eine Vorstellung von einem Geschäft zu geben, das etwas von der alten Regel abgekommen ist: „Gentlemen don't read other people's mail“.

Strategie

Der Kommandierende General zu seinem neunmalklugen Stabsoffizier: „Seine Majestät halten sich *einen* Strategen und der sind weder Sie noch ich." Heute umgibt sich der Staatsmann mit einem Kreis amtlich unberufener Berater, die mit der Sache nicht vertraut sind und, da sie keine Verantwortung tragen, dazu neigen, in gefährlichen Dingen leichtfertig zu raten. Je mehr geistreiche und wortgewandte Berater, umso schlimmer in einer Sache, die ein fundamentloses, oft nur eitles Hin- und Herreden nicht verträgt. Es fehlt der Tropfen vom Salböl Samuels. Die Aufgabe und das Recht der militärischen Führung der Politik gegenüber sei es, zu verhüten, daß die Politik Dinge fordert, die gegen die Natur des Krieges sind, daß sie aus Unkenntnis über die Wirkungen des Instruments Fehler in seinem Gebrauch begeht, sagt Clausewitz.

Die Strategie kreiste um die Atomwaffen, die Heere wurden abgewertet. Der Austrag wurde mit großem Aufwand vorbereitet, aber vermieden. Die Gegner beschränkten sich während des Kalten Krieges auf Machtdemonstrationen mit der Vorweisung der Waffen. Die hypertropische Armierung wirkte schon durch Existenz. Die Raketenarithmetik reduzierte das strategische Problem auf das Zahlengerüst. Die verzifferte Logik überzeugte nicht und löste scharfe politische Dispute und wilde Protestaktionen aus.

Vernunft und Moral: Die Chinesen erfanden das Pulver, sie machten im Kriege aber keinen Gebrauch davon – man könne nicht wissen, wohin das führt. Der *Bushido,* der Ehrenkodex der Japaner, verbietet dem Samurai das, was die Amerikaner „overkill" nennen.

Koalitionen sind vortrefflich, so lange die Interessen der Partner überein sind, was freilich nur bis zu einem gewissen Punkt geht. Kein Bündnisvertrag kann das Recht auf Selbsterhaltung außer Kraft setzen oder auch nur das Maß der Erfüllung bestimmen. Immerhin hat die Bedrohung durch den Ostblock die Kohäsionsfähigkeit der Westmächte erheblich gesteigert. Er hat sie zum Zusammenrücken gezwungen, wozu sie, denen ihre Souveränität heilig ist, freiwillig nicht bereit gewesen wären. Der Nordatlantikpakt war nicht nur eine Festung zur Sicherung der Westmächte, sondern auch ein völkerverbindender Brückenbau. Nationen, die eben noch in tödlicher Fehde miteinander gelegen hatten, waren nun, vom Feuer geläutert, vereint im Streben nach einer höheren, weltumfassenden Ordnung.

Keine Koalition bleibt von der Hypothek des Chauvinismus und der Eitelkeit verschont:

Nach dem Sieg der Alliierten in Nordafrika 1943 notierte Evelyn Waugh: „English and American newspapers studiously avoid all mention of the other's share in the battle."

Frankreich, das 1949 den Nordatlantikpakt mitbegründet hatte, entzog 1966 seine Streitkräfte den integrierten Kommandobehörden der Koalition. Präsident de Gaulle, verdrossen über Amerikas Präsidialmacht und die angloamerikanische „special relationship", erklärte: „Frankreich kann ohne Grandeur nicht sein."

Der Nordatlantikpakt ist aus der angloamerikanischen Koalition des Zweiten Weltkrieges hervorgegangen, Amerika und England blieben die beiden vorherrschenden Mächte. Die Strategie der NATO wurde in Washington gemacht, die Beiträge der europäischen Partner waren marginal. In diesem „Frieden", der in Wirklichkeit eine Fortsetzung der Weltkriege mit politischen Mitteln war, bestand die Sicherheitspolitik der Bundesrepublik aus Reaktionen auf die Aktionen anderer. In dem innig der Heimatpolitik zugewandten Bonner Staat war das Verständnis für Strategie ohnehin gering, seine Strategiepolitik war flügellahm. Den Koalitionspartnern war das ganz recht so.

In strategischen Fragen wie die des Einsatzes von Atomwaffen und der Rolle der konventionellen Streitkräfte gab es Kontroversen im Bündnis. Sie wurden auch im *Supreme Headquarters Allied Powers Europe* (bei Mons in Belgien) ausgetragen, wo ich in den 1980er Jahren der deutsche militärische Vertreter war:

Die Armeen der Verbündeten standen in linear statischer Defensivstellung am Eisernen Vorhang, ohne operative Reserven, dahinter gleich die Atomraketen.

Es fehlte der operative Puffer. Im deutschen Heer war die Kunst und Lehre von der Operationsführung hochentwickelt gewesen, den Alliierten auch noch deutlich in Erinnerung, sie war aber nicht in ihre, die

Hammermethode bevorzugende Führungslehre eingegangen. Von ihrem methodischen, Risiken meidenden Schema wollten sie nicht ablassen, auf kühne Operationen wie „Schlagen aus der Nachhand“ und „Rochade“ sich nicht einlassen. Im Alliierten Hauptquartier kam ich nicht durch mit unserer Operationsidee. Sie verkümmerte, aus der deutschen Führungslehre wurde sie verabschiedet – Amortisation eines teuer erkauften Erfahrungsschatzes.

Die atlantische Allianz hat gehalten. Und sie hat mit ihrer Strategie die Aufgabe, die gefährlichste Krise der Weltgeschichte zu überwinden, erfüllt. Ob solche Sicherstellung gegen die Gefahren, die im Schoße der Zukunft liegen, gewährleistet ist, daran kann man bei der Divergenz nationaler Bestrebungen im Bündnis und der militärischen Erosion Europas zweifeln: Europa „mit einem Holzzaun, der wie Eisen angestrichen ist“(Bismarck).

Amerikas Hegemonie im Bündnis gründet sich auf sein Gewicht als Weltmacht und auf seine Verfügungsgewalt über die Atomwaffen als dem beherrschenden strategischen Faktor. Es exponiert sich für das Bündnis, hat aber auch einen gesunden Staatsegoismus. Das Hauptproblem der Koalition, die Überlagerung der begrenzten Bündnisstrategie durch die weltweit ausgreifende nationale Strategie Amerikas, ist ungelöst, ein Zustand, der zu Verwicklungen geführt hat. In demokratischen Staaten ist es einer Regierung kaum möglich, die Macht der Nation für eine andere, befreundete einzusetzen, wenn das Volk es mißbilligt. Indessen gibt es außer dem atlantischen Vertrag noch eine ungeschriebene Verfassung der Westmächte, die von ihnen fordert, die moralische Verpflichtung der Gemeinschaft gegenüber wie die zum Weltengagement gerecht gegen die nationalen Interessen abzuwägen. Der Zusammenhalt bedarf eines Grades von Vertrauen, der schwer zu erwerben und leicht zu verlieren ist.

Deutschlands Ansehen wird umso mehr steigen, je mehr es sich besonnen und vermittelnd zeigt, ohne dabei Zweifel an seiner Bürgschaft für Vertragstreue und Beistand in der Not aufkommen zu lassen. Der Eindruck, pazifistisch, ängstlich und wehleidig zu sein, wäre dem abträglich, er setzt eine Nation der Verachtung in der Welt aus, die sich in Demütigung und Abwendung ausdrückt.

Defaitismus zersetzt jede Allianz. Für die historisch belastete deutsche Politik wäre eine Schuldzuweisung, eine Verurteilung im Namen der Demokratie ein bedrückender Aspekt.

Ohne Wehrkraft läßt sich keine Sicherheit und keine Friedensordnung in der Welt herstellen. Der Glaube an eine ehrliche Friedenspolitik will gepflegt sein. Der Wehrwille auch.

Realitäten

Der Krieg ist ganz die Sache der Politik. Sie entscheidet über ihn als Mittel ihres Willens, sie bestimmt seinen Zweck und gibt ihm seine strategische Richtung. Sie allein ist für ihn und seine Folgen verantwortlich.

Verspricht sich die Politik von den kriegerischen Mitteln und Maßnahmen eine falsche, der Natur des Krieges widersprechende Wirkung, wird sie einen schädlichen Einfluß auf ihn haben. Dies ist unendlich oft vorgekommen, bis hin zu unseren Tagen.

Die Historie zeigt uns, daß der Krieg seine Art und seine Formen fortlaufend verändert hat, dennoch hat er sich stets so verhalten, wie es seiner Natur entspricht: ständig bestrebt, die konventionellen Schranken zu durchbrechen, um der ihm natürlichen Urgewalt freie Bahn zu verschaffen.

Beistandsverträge sind Assekuranzen auf Zeit, ein ewiges Fundament der Sicherheit können sie bei den sich ständig verändernden Umständen nicht bilden. Unterbliebe jedes Abkommen, so wäre Europa bei seinem gestörten Verhältnis zu Amerika und zu Rußland der Isolierung ausgesetzt, preisgegeben der militärischen Drohung und nuklearen Erpressung durch Rußland. Wie auch nur kann das militärisch entkräftete Europa seinen globalen Handelsverkehr zur See gegen Piraterie und Embargo sichern?

Bedeutsamer als die kunstvollen Formulierungen solcher Verträge ist der Geist, der sie trägt. Wie soll die Allianz der westlichen Welt die Stürme der Zukunft überleben, wenn ihre Mitgliedstaaten schon im Frieden auseinanderfallen?

Eine Verfassung, die bestimmt, daß der Staatsmann die Volksvertretung zu befragen hat, ob sie bereit sei, einen für notwendig gehaltenen

Krieg zu billigen, setzt voraus, daß die parlamentarischen Mitglieder eine Grundkenntnis vom Kriegswesen haben, auf daß die Debatte darüber nicht aus dem Geleise springe.

So sollte es sein, so ist es aber nicht, wie die zahlreichen, in demokratischen Staaten beinah regelmäßigen Mißgriffe beweisen. In Unkenntnis der Fähigkeiten und Grenzen des militärischen Instruments bildet sich leicht eine politische Meinung heraus, die entweder zu laut und forsch oder zu zaghaft, jedenfalls falsch ist. Am Ende treibt die Politik in der Strömung, die die Presse nach Belieben und die Öffentlichkeit nach ihrer jeweiligen Gemütsbewegung herstellen.

Man möchte denken, daß sich in Krieg und Krise eine solidarische Verantwortlichkeit für die Gesamtpolitik einstellt, indessen waltet im Staatsapparat Partikularismus vor. Das Kabinett befragt den Generalstab, beschränkt das aber aufs Fach, auf technische Fragen. Ein Dreinreden politisch unzünftiger Ratgeber in die Sakramente eines Kabinetts erregt dessen Empfindlichkeit, auch Argwohn gegen ein militärisches Übergewicht, abgesehen davon, daß das Urteil der Militärs nicht durchweg für verläßlich oder passend gehalten wird.

Die Betrachtung der Lage erfaßt weder die strategische noch die philosophische Dimension des Krieges. Liest man die Kabinettsprotokolle, kann man sich beunruhigender Eindrücke nicht erwehren, wenn man bedenkt, in welchem Umfang die geistige Potenz zum umfassenden Urteil aus höherer Sicht in den leitenden Kreisen unserer heutigen Welt verloren gegangen ist.

Mißgriffe

1983 war ein besonders gefährliches Jahr des Kalten Krieges. Das Ost-West-Verhältnis war auf dem Höhepunkt der Spannung. Die Sowjetunion führte eine Serie neuer Mittelstreckenraketen ein. Um das nukleare Gleichgewicht zu wahren, antwortete Amerika mit der Aufstellung seiner Nuklearraketen in Europa.

Inmitten dieser bedrohlichen Dispositionen zelebrierte die NATO ihre Übung „Able Archer“. An sich eine Routineübung, unter den obwaltenden Umständen aber ein Unterfangen, das im Kreml höchstes Mißtrauen erregte. Man befürchtete dort einen Überfall der

NATO, mit der Absicht, mit der Sowjetunion und dem Kommunismus apokalyptisch abzurechnen. Daß diese an Paranoia grenzende Furcht der Russen vor dem mächtigen Amerika, dem sie sich nicht mehr gewachsen fühlten, echt war, wurde im Westen verkannt, wäre bei dem rein defensiven Charakter der NATO auch für absurd gehalten worden. Tatsächlich aber traf die Sowjetunion militärische Gegenmaßnahmen, im Kreml wurde sogar der Gedanke an einen sowjetischen Präventivschlag erwogen. Man hätte in der NATO und in Washington dieses psychologische Imponderabil ernst nehmen sollen, auch bei uns im Obersten Alliierten Hauptquartier, man hätte auf mahnende Stimmen hören sollen und darüber nachdenken müssen, wie man die tödliche Gefahr eines solchen Mißverständnisses bannen kann.

Nach dem Zusammenbruch der Sowjetunion kam es zwischen Rußland und dem abtrünnigen Staat Georgien im Kaukasus zum gewalttätigen Streit, der in der russischen Invasion 2008 kulminierte. Die NATO hatte Georgien und der Ukraine suggeriert, zu ihr überzulaufen, obwohl man in Europa nicht bereit war, denen militärisch beizustehen, auch kaum mehr fähig dazu war. Die Europäische Gemeinschaft protestierte denn auch lauwarm gegen Rußlands Übergriff. Amerika wollte mit Rußland streng ins Gericht gehen, mäßigte sich aber, um Solidarität mit den Bundesgenossen in Europa zu wahren. Mit den Russen kam ein Kompromiß auf Georgiens Kosten zustande. Rußland gewann die Macht über die zwei prorussischen Provinzen Georgiens. Das erfolgreiche Exerzitium diente dem Kreml als Vorlage zur Behandlung der ukrainischen Frage.

Ein anderer Fall ergab sich 2011 aus der arabischen Revolution, die einem Funken in Tunesien entsprang und sich in Nordafrika und im Nahen Osten zum Großbrand ausweitete. Der vielbesungene „Arabische Frühling" brachte Chaos, Krieg und Terror statt demokratischer Freiheit und Freude. In Washington war die Meinung geteilt. Eine Partei war dafür, das Feuer mit militärischen Mitteln zu löschen, die andere war dagegen, sie sah Amerikas Interessen nicht bedroht. Europa dachte an seine eigenen Interessen und drängte Amerika zur Intervention unter der NATO-Flagge. Man einigte sich auf einen Luftkrieg gegen Libyen und seinen Diktator. Alle achtundzwanzig

NATO-Mitgliedstaaten stimmten dafür, einige steuerten Spenden dazu bei, nur acht Mitglieder beteiligten sich an der Aktion. Amerika sah sich gezwungen, den Löwenanteil der Arbeit selbst zu übernehmen. Europas Munitionsvorrat war schon vor dem Ende der Aktion verbraucht. Amerika mußte aushelfen. All dies war das Resultat mangelnder Vorsorge einer seit Jahren vernachlässigten Sicherheitspolitik Europas, wie sie seither weiterhin betrieben wird, ohne zu bedenken, daß Europa damit an Gewicht und Bedeutung einbüßt und sich unberechenbaren Gefahren der Zukunft aussetzt. Die Urinstinkte degenerieren.

Zur Lage

Die Entspannung nach dem Zusammenbruch der Sowjetunion und der Beendigung des Kalten Krieges führte bei den Westmächten dazu, ihre Streitkräfte bis auf einen Kernbestand zu demobilisieren. Zugleich machten sie die Kräfte der Demokratie mobil, indem sie die atlantische Front nach Osten, in das russische Einflußgebiet hinein, vorschoben. Ein Aspekt blieb dabei unberücksichtigt: die von der russischen Nation tief empfundene Demütigung und die dadurch erzeugte Belebung ihrer Kraft – wozu sich eine historische Parallele zum Versailler Vertrag ziehen ließe. Der russische Bär ist immer noch kräftiger als er in den Statistiken erscheint; die erfassen nicht die elementare Kraft und Beharrlichkeit, worauf die Stärke des russischen Wesens dem Westen gegenüber beruht.

Rußland ist wieder zur Großmacht aufgestiegen und Europa, das es mit der NATO-Trompete gegen sich aufgebracht hat, sieht sich nun in einer Lage, die militärisch nicht mehr gedeckt ist, wenn nicht Amerika weiter voll in der NATO engagiert bleibt. Und das ist bei der Besinnung Amerikas auf sich selbst und der wachsenden antiamerikanischen Stimmung in Europa fraglich geworden. Die Verhetzung der öffentlichen Meinung hat eine ätzende, sprengende Wirkung auf den Zusammenhalt im Bündnis.

Rußland erhebt Anspruch auf seinen Urbestand mit den Volksanteilen, mit denen es blutsverwandt ist; darüber hinaus ist es ambivalent. Wenn die Sowjetunion schon die nichtrussischen Völkerschaften nicht vertragen hat, so ist nicht anzunehmen, daß dem Kreml eine

Vermehrung renitenter fremdstämmiger Untertanen noch begehrenswert erscheint.

Sein Ziel sucht Rußland im Sickerangriff zu erreichen, berechnet darauf, daß Europa protestiert, aber nicht kämpft und Amerika mitprotestiert, sich aber in stiller Übereinkunft mit Rußland zurückhält. Vorfelder haben atomaren Schwellenwert.

Es bleibt die Möglichkeit, wirtschaftlichen und finanziellen Druck auf Rußland auszuüben, es zu der Einsicht zu bringen, daß materieller Gewinn nützlicher ist als territorialer.

Zu den Bedenken über die Beziehungen zwischen Europa, Rußland und Amerika kommen die über die Unruhe in der übrigen Welt. Immerhin kann Amerika die weltwirtschaftlich dominierende Macht des Dollars ausspielen und aggressiven Staaten ihr Vermögen und den internationalen Handels- und Zahlungsverkehr sperren, was sie meist schon zur Raison bringt, zumal wenn dahinter ein Eingreifverband mit Jagdbombern und „Tomahawks" sichtbar wird. Nach dieser Methode wird Amerika in Zukunft vermutlich stärker als bisher und eher als mit militärischen Interventionen verfahren.

Die Kraftentfaltung Chinas verändert die strategische Konstellation. Seine Interessen in Asien sind denen Rußlands entgegengesetzt, denen Amerikas universal. Amerikas Strategie gravitiert nach dem indopazifischen Raum. Rußland muß sich Rückendeckung im Osten verschaffen. Die atlantische Front wird entlastet. Europa steigt vom Streitwagen herab und gibt die eherne Rüstung des Diomedes gegen die goldene des Glaucus.

Der Aggregatzustand der Weltpolitik verändert sich. China und Rußland könnten gegen den Westen paktieren. Amerika könnte sich, wie 1971, mit China gegen Rußland verbünden oder auch mit Rußland gegen China. Denkbar ist sogar ein Dreibund der Großmächte – die von allen Kombinationen wünschenswerteste, sowohl in Hinsicht auf das nukleare Damoklesschwert als auch auf die globalen Feindseligkeiten. Das Element der Weltpolitik ist flüssig geworden.

Am Rande

Hitler, im offenen Mercedes durch Berlin fahrend, auf dem Rücksitz der Kaisersohn Prinz August Wilhelm in SA-Uniform, im Straßenspalier des Volkes Schilder: „Führer befiehl, wir folgen dir!“

Mussolini unter dem Spruchband mit seinem Leitwort: „Vogliamo partire in perfetto orario“ auf dem Hauptbahnhof in Rom, wo für die Dauer seines Auftritts der Zugverkehr eingestellt worden war.

Das NS-Plakat zum „Tag des deutschen Rechts“, das ein Stift in Berlin mit dem clownesken Plakat von Zirkus Krone überklebte.

Die Ordnungskräfte, die einen Tag nach dem Bombenangriff die Hauptstraßen im Trümmerfeld der Stadt wieder freigeräumt hatten – und die Hausfrauen, die die Gehsteige gründlich sauber fegten.

Der Dorfschulze, der die Amerikaner nach eingedrilltem deutschen Brauch mit „Heil Hitler“ begrüßte und dafür verprügelt wurde.

Der amerikanische Posten, der die ungeöffneten Konservendosen in der Abfallgrube bewachte, und bei der Truppenküche der Mohrenkoch mit den Orangen, die er im Baseballwurf in das bettelnd drumherum stehende Dorfvolk schmetterte.

Der argentinische Staatschef Perón auf dem Balkon der Casa Rosada in Buenos Aires, demonstrativ der Menge zuwinkend, die seiner Frau Evita neben ihm zujubelte.

Präsident Eisenhower in New York bei einer Rede, die er nach Ausfall der Lautsprecheranlage durch den „Ike-grin“ erledigte.

Der Sioux-Häuptling in dem Indianerreservat in South Dakota, der unbeweglich vor seinem Tepee-Zelt saß und sein Schweigen nur einmal mit den Worten unterbrach: „Thought comes before talk."

Altpräsident Truman im Liegestuhl an Deck des Ozeandampfers „United States", vertieft in ein Comics-Buch.

Bundeskanzler Adenauer, Zivilist von Natur, bei seinem Auftreten vor der neuen deutschen Truppe soldatischer als sein militärisches Gefolge.

„Der Soldat, wenn angesprochen, steht stramm, reißt das Maul auf und antwortet laut und deutlich – was, das kann er sich hinterher überlegen."

„Was heißt hier *individuelle Erziehungsmethode?! Ein* Exerzierreglement! *Ein* Gewehrgriff! *Eine* Maulsalve!"

Das war im Anfang noch der alte Ton. Bald wurde er vom Dur ins Moll gebracht: „Es soll ein gemeinsamer Lernprozeß angestrebt werden, der alle Teilnehmer in die Gestaltung der inhaltlichen und methodischen Vorgehensweisen weitgehend mit einzubeziehen versucht." (Zentrum Innere Führung, Lehrgangsbeschreibung 1986).

Belehrung. Gruppenführer: „Achtung! Hier Blindgänger! Gruppe Halbkreis! Merkt euch einfürallemal: Finger weg von solchen Dingern! *Nicht* so…" * – die ganze Gruppe verletzt.

Dazu der höhere Vorgesetzte zu dem zuständigen Vorgesetzten: „Warum ist der Mann denn nicht darüber belehrt worden, daß man Blindgänger nicht berühren darf?"

Stoßseufzer eines Kompaniechefs: „Bei unserer Heeresübung habe ich es nicht nur mit *einem* Feind zu tun, sondern noch mit vier Vorgesetzten mit fünf Meinungen."

Der ergraute Hauptmann mit der Nahkampfspange in Silber, der vor dem scheltenden jüngeren Major strammstand und dabei zitterte. Derselbe Major, der bei dem faulen Witz seines Vorgesetzten einen gefälligen Lachkrampf produzierte.

Seinen Kotau machen zählt bei den Chinesen zur disponierenden Intelligenz, beim Militär zum Supplement des Gehorsams.

Oberst v. Zitzewitz in seinem ererbten Gardeton zu Journalisten („det Federvieh von det ekliche Zivil"): „Bei unsrer Feldparade hier könnt ihr mal selbst sehn, det es noch höhere Dinge jibt als euer ewijes Jefasel von Kunst und Kultur."

Großadmiral Lord Mountbatten, letzter Vizekönig von Indien, stattete unserer Panzertruppenschule in Munsterlager einen Besuch ab. Wir zelebrierten ihm einen Durbar mit Panzerelefanten und bengalischem Feuerzauber. Er belebte uns mit Anekdoten aus einer Welt außerhalb unserer Provinz. Beim Abschied sagte er zu mir als dem ihm beigegebenen Begleitoffizier: „Thank you very much for your most interesting explanations", obschon ich gar keine Gelegenheit gehabt hatte, mich zu äußern.

Der Schuljungendiener der alten Bonner Minister vor dem jungen, selbstherrlichen Präsidenten Kennedy.

Der Minister konnte den Angriff der Parlamentarier auf ihn mit Beredsamkeit und taktischer Geschicklichkeit unter Preisgebung seines Untergebenen erfolgreich abwehren.

Der Kranz mit Schleife, den die deutsche Botschaft in London in der Hoffnung auf Popularitätsgewinn „diskret" am Cenotaph, der Gedenkstätte für die in den Weltkriegen gefallenen Soldaten des Empires, niederlegte und der am nächsten Tag ebenso diskret von einem Polizisten vom Piedestal entfernt wurde.

Empfang bei der Queen im Buckingham Palace: Lakaien in Livree, Silbergeschirr, Champagner, zwei piekfeine, hagere englische Generale, jeder für sich mit einem Adjudanten in einer schwarzen Limousine vorfahrend.

Empfang beim Bundespräsidenten in der Bonner Villa Hammerschmidt: Kellner in Joppe, WMF-Geschirr, Bier, neun dicke bundesdeutsche Generale in einem Volkswagen-Minibus für acht.

Die CIA-Agenten, die nachts im Garten einer sowjetischen Botschaft ein Abhörkabel in die Erde verlegten, das am Tage von den Russen gleich entdeckt wurde, weil die roten Tulpen nun an der Stelle der gelben Narzissen und diese an jener standen.

Der CIA-Direktor William Casey über den Präsidenten Reagan: „He isn't much of a reader, but he loves movies. We distill important intelligence so he can watch it on a movie screen."

Präsident Reagan nach Abschreiten der Ehrenformation des Wachbataillons in Bonn: „Good to be allied with Prussia."

Nietzsche: „Ich sehe viel Soldaten, nicht viel Kriegsmänner sehe ich."

Die UN über die Intervention der NATO in den Bürgerkrieg auf dem Balkan (Kosovokrieg 1998/99): „illegal, but legitimate."

Nietzsche: „Erst kommt die Macht, dann das Recht."

Der Oberste Alliierte Befehlshaber in Europa, der auf dem kurulischen Sessel in seine Toga gehüllte amerikanische General Rogers – in Bonn vom Bundespräsidenten empfangen, in London vom Verteidigungsminister, in Paris vom Unterstaatssekretär für Entwicklungshilfe.

Ein Kommentar im Alliierten Hauptquartier: „The generals and colonels here are not able to take in any expression of opinion they have not previously read in an official paper.“

Keck reden ging dort auf eigene Unkosten. Zu der Rolle als Questenberg in Wallensteins Lager fehlte die Rückendeckung der politischen Majestät.

Der amerikanische Colonel im Alliierten Hauptquartier, der seinen Kollegen als „that German sonofabitch“ bezeichnet hatte und deshalb prompt abgelöst wurde – nicht des Schimpfwortes, sondern des Adjektivs wegen. Bedenklicher noch ist die Tendenz, so etwas als dienstliche Meldung zu denunzieren.

Bundeskanzler Willy Brandt auf der Bonner Hardthöhe mit einer Rede über das Fundament der atlantischen Allianz und über Bündnistreue zu der Zeit, da er insgeheim seine Ostpolitik trieb.

Hamburgs Innensenator Helmut Schmidt, der bei der Sturmflut 1962 spontan und eigenmächtig das Kommando über den Katastropheneinsatz übernahm und ihn über Rechtshecken hinweg leitete, Volk und Truppe voll hinter ihm: „Endlich einer, *der befiehlt!* “

Bundeskanzler Helmut Schmidt, der, um mit seinem Vertrauen zu kokettieren, unsere geheimen Übersichten „Rot“ spontan und eigenmächtig dem sowjetischen Staatschef Breschnew zur Einsicht über den Tisch reichte, wodurch er unsere Quelle in Gefahr brachte.

Bundeskanzler Helmut Kohl, der die über die Politik verärgerten Generale mit nur einer, ihnen ums Maul gehenden Rede umstimmte und zum militärisch etikettewidrigen Beifall hinriß.

Der Generalinspekteur der Bundeswehr, General Jürgen Brandt, der sich im Military Committee der NATO den anderen nationalen Stabschefs als ein politisch versierter, wendiger General zur Wahl als Chairman empfahl, dann aber erfahren mußte, daß seine Kollegen ihn ablehnten: das neudeutsche Ideal, der politisch wendige General, war denen instinktiv suspekt.

Der General Baron Freytag-Loringhoven war in erster Linie Herr, in zweiter Stellvertretender Generalinspekteur der Bundeswehr, was sich segensreich auf die neuorientierte Gemeinschaft auswirkte: „Tüchtig sein kann jedes Ekel – nur nicht hochkommen lassen! Der Anstand muß geprüft werden, nicht die ‚Einstellung'."

„Es wurde mir zu eng, ich mußte fort." (Schillers Max Piccolomini im „Wallenstein").

Wer die Freiheit in sich trägt, passiert jedes Regime, jedes System, jede willkürliche Linie, sei es unter einer Zwingherrschaft, sei es auf dem schmalen Grat des Rechts zur freien Meinungsäußerung.

„We that have free souls, it touches us not." (Shakespeare, „Hamlet").

Die Götter lassen alle gewähren, sie erheitern sich an den Absurditäten des Erdenlebens, dem irren Tun und Treiben der Menschen mit ihrer Gier nach Macht, Besitz und Reichtum, mit ihrem Seelendurst nach Ruhm und Ehre, wiewohl das zusamt nicht gut in dieselbe Schatztruhe geht.

Wie aber staunen und verdrießen sich doch die eitlen Großen, die Bonzen und all die Wichtigtuer, die sich einbilden, bedeutend zu sein, wenn sie nach ihrem Tode mit ansehen müssen, wie wenig Spur von ihrer Existenz auf Erden zurückbleibt und wie die Nachwelt dies auch noch als einen wahren Segen empfindet.

Ich gehe in meinen Londoner Club Athenaeum. Über dem Säulenportal die Statue der Athene, Göttin der Weisheit und des Friedens, darum gewappnet mit Helm und Lanze. Bei Homer zürnt sie dem Kriegsgott Ares, zeiht ihn des Unheils und Verderbens, besonnene und mutige Männer aber beschützt sie.

In der Bibliothek ein Blick in ein Buch des englischen Historikers A.J.P. Taylor über die Weisheit der Politik und Kriegführung: „We learn from history not to repeat old mistakes. So we make new ones instead."

Dann eine Biographie über Sir Ernest Shackleton, den Polarforscher, darin die Werbeanzeige für seine Antarktis-Expedition 1914: „Officers wanted for hazardous journey. Small wages. Bitter cold. Long months of complete darkness. Constant danger. Safe return doubtful. Honour and recognition in case of success." Der Zulauf sei groß gewesen.

Ein anderes Buch sieht mich stumm an, ein alter Lederband, verblaßt das Gold der Letter darauf, eine Biographie über eine mir unbekannte Persönlichkeit der Viktorianischen Ära. Eine andere Welt tut sich mir auf, wird wieder lebendig, obwohl sie versunken ist und die Personen längst tot sind. Ein ganzes Menschenleben, eingefangen in Worte auf Papier, vergessen, fremd, fern und nun doch so nah und vertraut in allem Menschlichen, in Freud und Leid, Hoffnung und Enttäuschung, in dem Gelungenen und Mißlungenen, dem Erreichten und Versäumten.

Die Kartothek weist aus, daß das Buch zuletzt vor hundert Jahren gelesen wurde. Ich lese etwas darin. In der Stille höre ich das mahnende Ticken der Kaminuhr. Ich klappe das Buch zu und stelle es zurück ins Regal. Es sieht mich jetzt wieder so stumm an wie zuvor. Ich verlasse den Club und mische mich unter die Menge im Verkehrsgewühl. Das pulsierende, lebendige Leben reißt mich fort mit sich. Mein Abstecher in die Vergangenheit ist vergessen.

„Why bother when we are here to-day and gone to-morrow?"

„Da eilen die Erden klein, unmerkbar dahin, wie unter dem Fuße des Wandrers niedriger Staub ..." (Klopstock).

„Und unsers namens wird mit der zeit vergessen, daß freylich niemand unsers thuns gedencken wird. Unser leben fähret dahin, als wäre eine wolcke da gewest: und zergehet ... " (Weish.2,4).

Übergänge

Ich nahm meinen Abschied und damit endet eigentlich meine Erzählung. Was danach kam war ein neues Leben in einer anderen Welt. Es wäre reizvoll, davon zu berichten, vom regen Geschäftsleben und gesellschaftlichen Trubel der Metropole London, wo sich für unsere Ansicht die ganze Welt zusammenzieht, wo man sich beim Anblick der historischen Stätten und modernen Werke, der königlichen Kutschen im Park und des Völkergemisches auf den Straßen dem Weltgeist zugesellt, doch will ich mich darin nicht verlieren.

Die Erkenntnis daraus ist, daß vieles, auch Gegensätzliches, nebeneinander bestehen kann. Ein Land wie England, wo die Menschen es gewohnt sind, mit mehreren einander widersprechenden Ordnungen und Unordnungen zu leben und wo Prinzipien durch Aushilfen und Kompromisse ersetzt werden, ein solches Land wirft geradezu das Muster für die Verfassung eines Weltstaates. Und für die Weltpolitik: „Above all, gentlemen, not the slightest zeal."

Gilt auch für die Missio canonica der Demokratie, die einen Hang zum Indoktrinieren zeigt, der keine Einmischung in alte Stammesordnungen und keine Verletzung staatlicher Hoheitsrechte scheut. Die Demokratie rückt überall vor in der Welt, in den Wüsten und Steppen fallen ihre Segnungen eher flach aus. Sie wird friedsam, mit kosmopolitischer Toleranz vorgehen müssen, einsickernd statt im Kreuzzug forcierend, mit der schuldigen Achtung vor den alten Kulturen, soll das Ganze die Teile halten. Und auch als Hobel zum Abspanen nationaler Interessen ist sie ungeeignet, denn altes Holz wie das europäische ist knorrig.

Hufgeklapper am frühen Morgen: eine Schwadron der Household Cavalry, die durch unsere Straße in Chelsea trabt – ein anachronistisches Bild, das immer noch das Herz erfreut.

Vertraute Bilder rufen Erinnerungen wach. Ich sehe dann die erdfarbenen Marschkolonnen vor mir, höre den rhythmischen Aufschlag der Stiefel, das Klappern der Gewehre und des Schanzzeugs, die knappen Befehle. Die Bilder verschmelzen mit denen historischer

Zeiten zu einem Gemälde, auf dem das graue Heer der Namenlosen im Dämmerlicht vorüberzieht.

Auch wenn man aus der Marschkolonne ausgeschieden ist, folgt man ihr doch mit den Blicken nach, mit freundlichen, wohlwollenden, mit ernsten Blicken.

Ein Gang durch Whitehall, vorbei an dem alten War Office und der noch älteren Admiralty. Meine Gedanken wandern zurück zu meinem Vater und seinen im Ersten Weltkrieg gefallenen Brüdern. Auf den Straßen ist geschäftiges Treiben, in den Pubs Partybetrieb. Hier regiert die Gegenwart. Man bemerkt, daß sie die einzige reale Zeit ist, der greifbare Augenblick, die fühlbare Lebensstunde, während alles vor und nach ihr verblaßt, zum Nichts wird. In ihr konzentriert sich, auf sie beschränkt sich unser ganzes wirkliches Dasein. Ist man des Augenblickes der Gegenwart inne, ist man da, und das ist alles.

Indessen wird die Erinnerung durch die Gegenwart nur verdeckt, aber nicht ausgelöscht und ebensowenig läßt sich der Gedanke an die Zukunft abweisen. Und wahr ist auch, daß man das Gegenwärtige und das Zukünftige nicht ohne Ausleuchtung des Vergangenen erkennen kann. So kehre ich denn noch einmal in meine alte Denkklause zurück, um hiernach meine Gedanken über Krieg und Frieden mit einer zeitgemäßen Betrachtung abzuschließen.

Und dann ists auch genug davon. Als Sonntagsmaler richtet man seinen Blick lieber auf andere, auf die schönen Dinge.

Meditation

„Ich sasz uf einem steine ...“, so beginnt ein Gedicht Walthers von der Vogelweide, worin er über das Leben meditiert. Er beklagt die wirren Zustände seiner Zeit und wünscht, daß die Ritterschaft die aus den Fugen geratene Welt wieder in Ordnung bringen möge.

Es gibt Stunden der Besinnung, die, wie jene „uf einem steine“, in der Erinnerung mit dem Ort, wo sie stattfand, verknüpft bleiben. Ich entsinne mich einer solchen Stunde, da ich an einem einsamen Weiher saß, in Flandern, einem Landstrich mit heruntergezogenem Regenhimmel, der immer zu melancholischer Stimmung anregt und wo dennoch zu jener Ritterzeit die farbenfrohe Wappenmode entstand. Sie war das Symbol des auf dem Felde des klassischen Krieges gebliebenen Rittertums, dessen Ethos im gleichen der Mode unterworfen war, wie alle Moral es ist. Die ritterlichen Tugenden, „ere, mut, treue, stete, masz, milte und erbermde“, haben einen proteischen Charakter angenommen.

Unsere Zeit wird von der Technik beherrscht. Sie verwischt Maßstäbe und Begrenzungen. Dies gilt besonders für das Kriegswesen, wo sie sich zum Leviathan entwickelt. Indessen fördert sie die Homogenität der Völker. Die Verkehrs- und Kommunikationsnetze verdichten sich, Wirtschaft, Handel und Finanzen verflechten sich weltweit, umgrenzte Räume verschmelzen, die Menschen rücken einander näher, werden sich ähnlicher. Dazu das viele neue Geld, das ihre Lebensart und Denkweise verändert, etwa so, wie Disraeli es sieht: „Increased means and increased leisure are the two civilizers of man.“ Wenn auch die Tendenz zur Maßlosigkeit steigt, so bleibt doch zu hoffen, daß sich in einem Erdstaat die Spannungen durch Angleichung mindern. Wir sind immerhin schon dahin gekommen, einen europäischen Bruderkrieg nunmehr für ausgeschlossen, für unvorstellbar zu halten – Europa, etwas eng geschnürt, auf dem Stier als Weltsupermodell.

Wenn auch Verhetzung und Mißverständnis den Frieden weiterhin bedrohen, so erfaßt doch die nach kongenialer Annäherung strebende Bewegung die Welt an der Wurzel, und so erscheint es auch recht unwahrscheinlich, daß es zwischen den Mächten des Ostens und des Westens jemals zu einer apokalyptischen Entscheidung kommen wird. Näher liegt eine Verständigung der Großmächte in der Einsicht, daß die Friedensordnung in der Welt nur auf ihrer Macht und ihrem Zusammenspiel beruhen kann.

So ungefähr waren meine Gedanken damals an jenem Weiher in Flandern. Das war zu der Zeit des Kalten Krieges, als uns der Ausbruch eines Nuklearkrieges bedrohte. Die Menschen hatten das Gefühl, auf einem Vulkan zu sitzen. Ich saß auf einem, einem erloschenen: der Höhe von Spanbroekmolen bei Ypern. Sie war 1917 von deutschen Truppen besetzt gewesen; ihre Kuppe mit Stellungsgraben und Besatzung wurde am 7. Juni von den Engländern mit einer Ladung von vierzig Tonnen Ammonal abgesprengt. Die hatten einen Minierstollen von fünfhundert Meter Länge dreißig Meter tief unter die deutsche Stellung getrieben, die Mine gelegt und gezündet. Übrig blieb ein Krater, der sich mit Wasser der Erde und des Himmels zum Weiher füllte. Daraus war im Lauf der Jahre ein friedlicher Erdenfleck geworden – „Pool of Peace", umsäumt von Bäumen und Büschen, belebt von Vogelgezwitscher und von Fischen im und Wildenten auf dem Wasser.

Von der Höhe hat man eine weite Aussicht, doch ist es der Kontrast, den diese Stätte in sich birgt, der einen von dort aus mit dem geistigen Auge fernhin schauen läßt.

Fernblick

Es gibt kaum noch eine ruhige Ecke in der Welt. Dem Zerfall der Imperien folgten Kahlschläge und Neuanpflanzungen. Die Landkarte verändert sich fortlaufend, alte Staaten schwinden, neue konstituieren sich. Die Kraftfelder transformieren sich und mit ihnen die Bedrohungen. Das Feuer der Aufstände und Bürgerkriege, des Verdeckten Kampfes und des Terrorismus trägt das Kennzeichen eines Flächenbrandes – eines andauernden Weltkrieges, nun in anderer Form und Komposition. Was sich hier ankündet ist eine neue Weltepoche.

Das wird nicht überall gespürt. Für die, die gesichert in befriedeten Zonen leben, spielen sich die Unruhen als Kleinkriege am Rande ab. Die „Konflikte" werden von Berufsheeren mehr oder weniger befriedigend erledigt, ohne von dem daheim seinen Geschäften und Vergnügungen nachgehenden Volk besonders beachtet zu werden. Anders als die totalen Weltkriege ist der regionale Krieg heute keine Sache der ganzen Nation mehr, sondern wieder, wie zu Zeiten der Kabinettskriege, eine der Regierung. Auch sie ist mit anderen Problemen beschäftigt, etwa mit ihrer Wiederwahl, nur nebenher mit dem Krieg, etwa bei der Beschaffung von Granaten, Ordenskreuzen, Verbandpäckchen und Särgen. Die Politik dreht sich um die Wirtschaft, Merkur regiert. Der lange Krieg in fernen Gefilden, der am Herd des Aufruhrs, wird zum Vergessenen Krieg.

Ein kommentarloser militärischer Bildbericht von der Heimholung eines im Jahre 2007 in Afghanistan gefallenen jungen englischen Soldaten: Die Truppe im Kampfanzug zum Abschied angetreten, in tiefem Schweigen, unbeweglich, nur die gesenkte Regimentsfahne wehte im Winde; so dort noch stehend, als die mit dem Sarg heimwärts fliegende Transportmaschine schon den Blicken entschwunden war – die stumme Trauer, der stoische Trotz eines stolzen alten Regiments auf ferner Kampfesstätte.

Für sie alle gilt Tennysons Vers zum Todesritt von Balaclava:

> Their's not to reason why,
> Their's but to do and die.

Der Staat erhebt Anspruch auf unbedingte Hingebung und unerschütterliche Treue des Soldaten, die Verpflichtung, dafür seinerseits Schutz und Beistand zu gewähren, beschränkt er. Das Gefühl der Verantwortung für ihn ist in seiner Auffassung nicht mehr in dem Maße erkennbar, wie es in monarchischen Zeiten, bei der innigen, auf Gegenseitigkeit der Treue beruhenden Bindung zwischen König und Heer noch selbstverständlich war. Alle heute kriegführenden Staaten zeigen hierin Vernachlässigungen. Der ganze Balkan sei ihm nicht die Knochen eines einzigen pommerschen Grenadiers wert, so dachte noch Bismarck. Der Soldat, der in einem der Kriege unserer Zeit ein Bein eingebüßt hat, wird wohl nur gedämpften Tones in den Jubel des Politikers einstimmen: „Freue dich mit mir über den schönen Sieg im Wüstenland, denn nun sitzen wir an der Quelle." Und wenn's das Öl nicht ist, dann ist es die herakleische Aufgabe, den Augiasstall der Politik zu reinigen.

Auf Bedenken des Kriegsrats gegen seine Operationspläne pflegte Moltke zu sagen: „Ja, der Krieg ist überhaupt eine gefährliche Sache." Daß diese Erkenntnis der heutigen Weltpolitik nicht eingegangen ist, zeigt der verknappte Denkvorgang in den oberen Etagen. Eben darauf zielt die „Washington Post": „The decision-makers failed to drill down into the reasoning, the alternatives and the full consequences of the wars in Vietnam, Afghanistan and Iraq." Die Zeche zahlt der Soldat.

In den Köpfen der Politiker sei „mancher Faltenkniff auszubügeln", meint Clausewitz; er rät zur Vernunft und empfiehlt, keinen Krieg anzufangen, ohne sich zu sagen, was man mit ihm erreichen will. Ein Kabinett, das sich schon nicht klar ist über den Zweck und das Ziel des Krieges, auf den es sich einläßt oder den es gar noch selbst anfängt, um einen politischen Streit auf dem Wege der Horatier und Curiatier zu erledigen, kann nicht darauf rechnen, daß die Sache zu einem guten Ende kommt. Moralisch verantworten läßt sich nur ein aufgezwungener Krieg, indessen behält sich die Politik vor, gegen wen sie moralisch wird.

Wenn man nun aber schon Krieg führt, dann auch richtig. Eine Politik im Heilsarmeestil, die nach dem Motto: „Wasch mir den Pelz, und mach mich nicht naß!" der kämpfenden Truppe die Durchsetzungskraft und den Rückhalt nimmt, kann nicht zum Ziele führen. „Entschlossenes Handeln ist das erste Erfordernis im Kriege“ (Heer, TF33) – das ist die Haupterfahrung aus allen Kriegen, beginnend mit der Krise: die Irrtümer, die durch Mangel an Festigkeit und Deutlichkeit, durch Beschwichtigungspolitik, aus Angst oder Gutmütigkeit entstehen, sind gerade die schlimmsten.

Der Krieg wird zum Halbding, er führt nicht mehr zur Entscheidung, zieht sich hin. Der Großsprecherei folgt Kleinmut, das Risiko wird gescheut, die Kriegskunst gefesselt, die unangenehme Bündnispflicht so karg wie möglich erfüllt. In die Fanfarenstöße mischen sich elegische Schamadenklänge. Kommt das trübe Ende in Sicht, richtet man sich auf Lügen ein. Demokratische Staaten haben nicht die Nerven, einen langen Krieg durchzustehen, sie machen Frieden um den Preis einer demütigenden Niederlage.

An Anregungen zum Krieg wird es nicht mangeln. Wer in die Ferne schaut mag hellsehen, daß bei anhaltendem Wachsen und steigendem Konsum der Weltbevölkerung die Vorräte von Mutter Erde knapp werden und womöglich irgendwann einmal zur Neige gehen. Ein ungeregelter Zugriff auf schrumpfende Bestände könnte zum Streit, zuletzt zum Kampf ums Überleben führen.

Bringt man solche Visionen in Zusammenhang mit der Existenz und Proliferation der Atomwaffen, so wird das ganze Ausmaß zukünftiger Bedrohung deutlich. Die einzige Hoffnung, die aus diesem Dilemma führt, liegt in einem Weltstaat mit einem Areopag. Sein Entstehen zeichnet sich ab. Er ist nicht bloß als ein Organisationsprojekt aufzufassen, vielmehr als eine organische Umbildung der vielgeteilten Welt zu einer mehr gemeinschaftlichen Konfiguration auf dem gemeinsamen Planeten.

Der Weltmarkt wächst, alle Nationen sind an ihn gebunden, einer hängt vom anderen ab. Jeder verfolgt seine Interessen, gemeinsam züchtigen sie den, der gegen die Regeln verstößt.

Die Grundordnung: „So sind immer zwey wider zwey, und eins wider das ander geordnet.“ (Sir.33,16). Keiner Macht fehlt es an einer Gegenmacht, keiner Zeit an Unruhen und Streitereien. „Es kann der Beste nicht in Frieden leben, wenn es dem bösen Nachbarn nicht gefällt.“ Der ewige Friede ist eine ewige Utopie. Es wird immer

Machtkämpfe, Hader, Aufstände, Kriege geben, immer Anlässe, wo auch eine friedfertige Macht sich genötigt sieht, autoritär und handfest einzugreifen, immer Situationen, wo sie gezwungen sein wird, Gewalt anzuwenden, etwa wo die Sicherheit gefährdet ist, Chaos und Ausmordung droht, das Menschen- und Völkerrecht gebrochen und Kriegsfeuer an den Frieden gelegt wird, dort, wo alle Kunst der Diplomatie versagt. Der Krieg kann aber in Zweck, Ziel und Mittel beschränkt werden. Ungewiß freilich bleibt, ob sich das Maß halten läßt, wenn der Gegner das Gesetz des Handelns an sich reißt und ohne jede Schonung vorgeht.

Im Ordnungsdienst des Weltstaates wird Kampfarbeit zu leisten sein, Interventionen, Kleinkrieg, Bandenkampf, Untergrundkrieg, Zweifrontenkrieg gegen offene und gegen verdeckte Feinde, das Kriegsszenario der Zeit, wohl auch morgen. Der Staat hat nicht mehr das Kriegs- und Waffenmonopol. In der Metamorphose des Krieges verschwimmen seine Konturen.

Ein Weltstaat bedarf der Machtmittel, einer Streitmacht, wie sie als Protomodell bereits existiert und im Weltengagement verwendet wird. Mit gigantischer Organisationsleistung werden Fernkampfgruppen, ganze Heere mit ihrer Operationsbasis, kurzfristig im Luft- und Seetransport interkontinental verlegt, über transozeanische Luftbrücken versorgt und über Satelliten von der Zentrale aus geführt. Der Zuschnitt von Zeit und Raum hat globale Dimensionen, man bemeistert die vier antiken Elemente und führt das vulkanische Feuer des Hephaistos mit sich.

Auf dem Kampfplatz stößt die Macht des Feuers und der Technik an Grenzen. Der mechanische Zerstörungsakt, die Praxis der Luftstrategie, erobert den Platz nicht und die Truppen bleiben im Bandenkampf stecken. Die Theorie, wonach die materielle Kraft stärker sei als die Potenz der Kampfmoral, ist nicht haltbar. Es ist nicht zu verkennen, daß die rohen Rotten und Stämme sich kriegerischer zu zeigen pflegen als die Heere der reichen, komfortablen westlichen Welt. Industrielles Denken läßt diese im Schema des transhistorischen Materialkrieges verharren. Wo die Kampfverfahren der Technik statt dem Feind angepaßt werden, droht Erstarrung durch einseitige Ratio, die notwendige Entwicklung unorthodoxer Methoden wird gehemmt.

In alldem steckt eine Lektion für die Politik: realistischer Gebrauch der Mittel.

Die Arbeitsleistung wird auf die Maschine übertragen. Der Wandel greift tief in den Nomos des Soldatenstandes ein. Der Soldat wird der technischen Ordnung unterstellt. Die funktioniert mechanisch, moralisch ist sie indifferent. Der Gegner wird nicht mehr als Mensch gesehen, sondern als statistische Ziffer. Die ritterlichen Formen verfallen, die soldatischen Traditionen verkümmern.

Die Zwinge der Technik und Organisation prägt einen Typus von Soldaten, der auf das bloße Funktionieren eingerichtet ist. Die Aufgabe des Mannes ist, zu funktionieren, so wie die Maschine, die er handhabt. In der Maschinenwelt werden ihm Maschinentugenden anerzogen. Die Formation wird in Geist und Körper automatisiert. Sie gewinnt reinen Instrumentalcharakter, ohne noch andere Grenzen zu sehen als die, welche die Technik setzt. Ein Stand, der funktionalisiert und technokratisiert wird, kann sein Ethos nicht erhalten. Die Überführung vom patriarchalen Familienbetrieb in die anonyme Leistungsorganisation erzeugt einen Klimasturz und eine Leere, der jeder Inhalt gegeben werden kann. Das fordert die Hybris solcher Machthaber heraus, die danach trachten, sich der Machtmittel beliebig zu bedienen, und mit solchen muß man stets rechnen, stets auch mit Demagogen, Falschmünzern, Scharlatanen und einem dummen Publikum, das auf sie hereinfällt.

Der technisch-ökonomischen Welt ist es nicht gegeben, aus sich heraus humanitäre Grenzen und moralische Hemmungen zu entwickeln. Sie treibt die materielle Zuwachsrate mit inflationärem Profitkalkül hoch. Andere Potenzen müssen eingreifen, um die reißende Kraft dieser elementaren Bewegung zu regulieren. Dies gehört zu der Auseinandersetzung mit den heraufziehenden Mächten und der Abstimmung darüber, was an alten Werten in die neue Zeit mitzunehmen ist. „Why write off the wisdom of thousands of years?“, fragt Prinz Charles. Die Bedenken der Konservativen sind begründet: man müßte mit dem Studium ja wieder von vorn anfangen.

Nach dem verwilderten Dreißigjährigen Krieg wurden die Heere diszipliniert und die Kriegführung folgte der allgemeinen Milderung der Sitten, dem 19. Jahrhundert wohnte schon viel Humanität inne. Mit dem Zweiten Weltkrieg setzte ein Rückfall ein, der in den ihm folgenden Feindseligkeiten zur Kriegsanarchie und Zerrüttung der moralischen Ordnung führte. Wo es zwecklos ist, die Flagge des Roten Kreuzes oder die weiße Fahne zu zeigen, da werden Kulturgrenzen sichtbar, das Unvereinbare markiert sie.

In einer Zeit, in der man weder mit dem klassischen Krieg noch mit der klassischen Moral, noch mit dem klassischen Völkerrecht auskommt, gilt auch Heraklits Wort nicht mehr: „Im Kriege Gefallene werden von Göttern und Menschen geehrt." Die Götter ziehen sich zurück, der Lorbeerkranz verbrennt im Feuer des Hades, der Heros wird zum Opfer, ihm wird die Ehrung, dem gefallenen Gegner die Achtung versagt – Abschied von der homerischen Welt und vom Rittertum. Churchill: „In the sombre wars of modern democracy chivalry finds no place." Evelyn Waugh in „Officers and Gentlemen": „Chivalry and nobility are betrayed on every hand."

Homer sah das Ideal, auch Ariost sah es noch. Karl Marx sah die Realität: „Ist eine ‚Ilias' möglich mit Schießpulver?" Schiller im „Wallenstein": „Es ist der Krieg ein roh, gewaltsam Handwerk"; dazu der fromme Wunsch: „Wer's nicht edel und nobel treibt, lieber weit von dem Handwerk bleibt." Goethe: „Das Unglück wird dem Soldaten befohlen, wo er allein steht, muß er als Mensch handeln."

Eine Milderung der Schrecken und Leiden, die der Krieg mit sich bringt, ist nur von einer allmählich fortschreitenden allgemeinen Gesittung zu erwarten. Der Trend zur Integration und Internationalisierung kann dem nur förderlich sein, auch der mechanische Progreß der Technik, die Entwicklung der Verkehrs- und Kommunikationsmittel, auch der Drang zu Handel und Erwerb – auch Besitz: cavendo tutus, Sicherheit durch Vorsicht.

Nach Clausewitz ist der Krieg ein Akt des menschlichen Verkehrs, er gehöre in das Gebiet des gesellschaftlichen Lebens, das in den höheren Regionen der Bildung mäßigend auf ihn einwirke. Wenn dem so ist, so möchten wir in der Entwicklung und Pflege der Eigenschaften, die die Gesellschaftskultur heben und ausbreiten, das Ziel und den Weg in die Zukunft einer zivilisierten, friedfertigen Menschheit sehen. Ob das möglich ist bei einem Volksregiment, das alles Höhere angreift, das auf die Egalisierung auf dem Niveau der uneingeweihten

Masse eingeschworen ist, das ist allerdings fraglich. Eher ist zu vermuten, daß die wachsende plutonische Macht und die globale Verzahnung der technischen Apparatur die Gemeinsamkeit fördern und mehr Sinn hineinlegen in das, was uns bindet, als in das, was uns trennt.

Auch unter den Wilden gibt es vornehme Geister, von denen unsere sogenannte zivilisierte Gesellschaft noch etwas ablernen könnte, so von dem Sioux-Häuptling Standing Bear: „I am going to venture that the man who sat on the ground in his tepee meditating on life and its meaning, accepting the kinship of all creatures, and acknowledging unity with the universe of things, was infusing into his being the true essence of civilization."

Kulturkampf

Goethe meint, daß der Mensch wohl ein anderer, aber kein besserer würde. Dagegen Ernst Jünger: der Mensch würde kein anderer, wohl aber ein besserer, sonst gäbe es keine Kultur. Dazu der Nachsatz: „Der bestialische Fundus bleibt davon unberührt."

Das Streben nach Kultur führte den Menschen von der Höhle bis hinan zur Akropolis. Die chinesische Kultur gebot dem Volk schon im Zeitalter der Barbarei, seine Leidenschaften zu zügeln und Maß zu halten, die griechische lehrte es Ethik und Ästhetik, die römische erzog es zur Achtung vor Recht und Gesetz, das Christentum predigte ihm Nächstenliebe und der Buddhismus Toleranz, die Literatur sublimierte den Geist und die höfische Kultur die Umgangsformen. Wiewohl man den Neandertaler noch an jeder Ecke trifft, hat doch die Gesellschaft ihre Sitten seit der Steinzeit recht wohltuend verfeinert.

Diese Weltkultur, über mehrere tausend Jahre vom hohen, vornehmen Menschengeist entwickelt, von der Gesellschaft übernommen und ritualisiert, von Stürmen bedrückt, nie ganz erdrückt, wieder aufatmend, sich neu belebend und ausdehnend, sie, die Mäßigung im Willkürlichen und Handeln im Notwendigen fordert und jene Toleranz der Götter, die „Götter neben sich" dulden – sie ist es, die ihre Entfaltung Fortschritt nennen darf, nicht der Materialismus, der seinen Siegeszug dafür hält.

Die Technik hat uns eine neue, umfassende Weltsicht eröffnet und damit einen sich ausbreitenden Weltstil gefördert, der nationale Gegensätze übergreift. Beim Umbau der Weltordnung bildet sich eine Gemeinsamkeit aus. Das sind günstige Auspizien. Bedenklich ist das Vorgehen der Abbruchunternehmer. Bedenklich sind auch die Anzeichen einer modernen Barbarei in der Gesellschaft.

Nicht die Werte ändern sich, sondern die Wertungen. Anstand hat seinen Wert in sich, steht aber bei der geringen Rendite heute nicht hoch im Kurs. Die Wertschätzung einer Maxime wie: „There are things gentlemen just don't do" setzt voraus, daß dieses Ideal von der Gesellschaft noch angestrebt und der Nachwuchs demgemäß assortiert wird. Wenn wir den Herrn – und die Dame nicht mehr hervorbrächten, wenn der Ehrenmann nicht mehr in uns sein sollte und nicht mehr unter uns, im Staatsamt, im Boardroom, auf dem Gefechtsfeld, wenn die Barriere des Ehrgefühls, des Anstands und der Mäßigung bräche, wenn Eigensucht, Habsucht und Skrupellosigkeit Bindungen lösten, Treu und Glauben zerstörten und Redlichkeit und Rechtschaffenheit korrumpierten – dann wäre dies der Niedergang der Zivilisation und Kultur.

Wie schlecht der Stand und das Augurium der angepöbelten Vornehmheit auch sein mag, so notwendig ist das Vornehme doch zur Existenz einer Gesellschaft, die ständig in Gefahr ist, von der Macht übler Elemente niederwärts gezogen zu werden. Ihr Problem ist, den allgemeinen Drang zu Exzessen der Freiheit, korrupten Machenschaften und zoologischem Treiben einzudämmen und noch auf Sittlichkeit und einige Kultiviertheit zu halten.

Das Problem des Einzelnen ist, sich im Gestech um Erfolg und Gewinn zu schlagen – und trotzdem Anstand zu wahren. Dies ist für den Charakter der rechte Probierstein aufs Kupfer.

Allein der sittliche Wert oder Unwert sei ein haltbares Prinzip zur Einteilung der Menschen, sagt Eratosthenes.

Vom guten Korn würde weniger zerschroten, begriffe man den tieferen Sinn der Vornehmheit, sähe man den Zusammenhang zwischen Gesittung und Frieden.

Summa summarum

Es ist Herbst. Ich stehe am Fenster und schaue hinaus, wo graue Wolkenfetzen vorüberjagen und ein paar Möwen von der nahen Themse her über den Park hinwegsegeln. Es stürmt und regnet, der Wind zaust das Laub der Bäume, reißt die Blätter von den Zweigen, wirbelt sie durch die Luft, fegt sie über den Rasen, wo sie sich im nassen Gras verfangen und auf das verblichene Grün ein ockerfarbenes Muster legen. Auch dieses Bild gehört zur Kunstausstellung der Natur unserer Welt. Vielleicht ist es, weil es besinnlich stimmt, mehr wert als das eines Sonnentages.

Wir können uns die Zeit und die Umstände, in die wir hineingeboren werden, nicht aussuchen und auch aus den Schranken, die uns von Natur gesetzt sind, können wir nicht ausbrechen. Wir wandeln uns, doch der Kreis ist abgesteckt. In ihm bestellen wir unser Feld und ebnen wir die Wege für unsere Nachkommen, auf daß ihr Kreis sich erweitern möge.

Für Schopenhauer ist der Lebenslauf des Einzelnen, so verworren er auch scheinen mag, ein in sich übereinstimmendes, Sinn habendes Ganzes, so gut wie das durchdachteste Epos, während die Weltgeschichte eigentlich nur die Abfolge zufälliger Konstellationen sei. Das Zufällige aber greift hier auch in das Schicksal des Einzelnen ein.

Wir haben die Zwingherrschaft und das zernarbte Anlitz des Krieges gesehen, den Großbrand und die Einebnung, die Meintaten und das Leiden, die Entrechtung und die Enterbung, die Umwertung der Werte in der Stunde der Wahrheit, der Besinnung am Nullmeridian, und den Wiederaufstieg mit der Entfesselung des Erwerbstriebes und der erneuten Umwertung der Werte. Wir haben ferne Länder gesehen, Glanz und Elend, Macht, Pomp und Korruption. Wir haben äußerste Erfahrungen gemacht und ungewöhnliche Einsichten gewonnen, freilich auch eine verschattete Weltansicht.

Spätere Erfahrungen haben sie nicht aufgehellt.

Diese Welt sei der Wille zur Macht – und nichts außerdem, lehrt uns Nietzsche. Verkehrshindernisse werden aus dem Wege geräumt. Dazu paßt das Spiegelbild der Menschennatur, das uns die Bibel vorhält:

Lug, Trug und Heuchelei, frei nach Psalm 12,3 und anderen Stellen. Auch das reale Bild unserer Welt: wetteifernd um höchste Gunst buhlen, schamlos die Seiten und die Gesinnung wechseln, den Speer nach den Gefährten werfen, den Rivalen mit dem Stilett beseitigen und hernach wie ein Gesalbter des Herrn reden, sich in Macht, Fama und Flora setzen, zum eignen Vorteil ins Volle greifen und im trüben Wasser nützlich fischen. Auf ein Zoll Rücksicht auf fremdes Wohl stünden zehn Klafter Rücksicht auf das eigene, wie Schopenhauer sagt. Standing Bear kommt zu einem paritätischen Urteil: „In our minds we are two – good and evil." So auch Wilhelm Busch: „Wer sagt, die ganze Welt sei schlecht, der hat wohl nur so ziemlich recht." Sicherheit bieten allein die verläßlichen, die schweigsamen Männer der Einsamkeit.

Auf dem Feld wuchert das Unkraut, das die Natur zwischen den Weizen sät. Es ist damit, als brauche das Gute den Kontrapunkt des Schlechten, um als das zur Existenz dieser Welt Notwendige erkannt zu werden. Indem die Kritik das Schlechte verurteilt, zeugt sie dafür, daß das Gute als Norm gilt. Es überwiegt, sonst würde die Welt nicht überlebt haben. Dies verdankt sie sowohl der höheren Moral als auch der Vernunft, der Fähigkeit, Leidenschaften zu überwinden und Tatsachen rational zu behandeln.

Die Welt sei der Wille zum Leben, zum Überleben der Kreatur, und sei es auf Kosten der anderen, so lehrt uns Schopenhauer. Dem wäre hinzuzufügen, daß sich die Menschen mit Vernunft und Gesittung darauf einigen können, was ihnen beiderseits nützlich und billig ist. Zwar läßt sich der Vorteil dann nicht mehr bis auf das Letzte verfolgen, denn das Vernünftige ist der kleinste gemeinsame Nenner, doch kann damit Zwietracht beigelegt und Eintracht hergestellt werden. Und auch so nur werden sich die großen Probleme, die die Menschheit heute belasten, gemeinsam in weltweitem Maßstab lösen lassen.

Satellitenaufnahmen zeigen uns unsere Erde als ein fernes, einsames, im Weltall verlorenes Gestirn, irgendwo und durchaus nicht als Mittelpunkt in der Unermeßlichkeit des Universums und der Unendlichkeit der Zeit schwebend. Wie absurd erscheint angesichts solcher Dimensionen die Szenerie eines permanenten Kriegszustandes auf diesem Planeten, eines ewigen Streites der Menschen um irdische Macht und Beute, um vergänglichen Gewinn in einem flüchtigen Dasein hienieden. Der Verdacht, daß sich das nicht auszahlt, ist ebenso berechtigt wie geboten.

Quo vadis? Zusammenschluß zu universaler Gemeinsamkeit? Akkumulation von Liberalismus und Materialismus – bis zum Verfall der Demokratie?

Die Partie, die ansteht, muß man schon mitspielen, doch bleibt dem Einzelnen die Freiheit, innerlich einen abgesonderten Standort einzunehmen. Darin liegt Souveränität. Sie erhebt ihn über die Partie. Sein Verhalten wird nicht allein vom bedingenden Sollen, vielmehr von seinem Wollen und Wagen bestimmt.

In seiner Novelle „Ashenden“ läßt Somerset Maugham den englischen Intelligence-Colonel „R.“ zu dem geworbenen Agenten sagen: „There's just one thing I think you ought to know before you take on this job. If you do well you'll get no thanks and if you get into trouble you'll get no help. Does that suit you?“
„Perfectly.“

„I have done the state some service, and they know it. No more of that.“ (Shakespeare, „Othello“).

„Ich komme zum Ende“, pflegen Vortragende zu sagen und dann reden sie endlos weiter. Ich will es mit meiner Bilanz kurz machen: Leben hieß hier überleben und die Unwetter durchstehen. Glück gehabt, durchgekommen, klargekommen und es bis zum respektierten Großvater gebracht.

In meinem Club hörte ich einen alten Herrn sagen: „My belief is that in the long run it is better to be born lucky than to be born clever.“

Das wars, und so sage ich denn mit dem geflügelten Wort von Robert Graves: „Goodbye to all that“.

PS:

Sollte nun jemand einen Fehler im Denken oder Verhalten auch einmal bei mir und nicht immer nur bei den anderen entdeckt haben, so kann ich nur annehmen, daß er nicht weiß, wie viele Fehler im Leben ich sonst noch gemacht habe. Da ich davon nur spärlich zu berichten pflege, so mag hier ein einigermaßen präsentables Bild von mir entstanden sein, für dessen Echtheit ich mich aber lieber nicht verbürgen möchte.

Literaturhinweise

Kapitel Kriegsende

Jürgen Thorwald: Die große Flucht (Das Ende an der Elbe), München 2005

Kapitel Dienstzeit

Militärgeschichtliches Forschungsamt: Verteidigung im Bündnis, München 1975

Robert M. Gates: Duty (Interventionskriege), New York 2014

Kapitel Truppendienst

Großer Generalstab: Moltkes Kriegslehren, Berlin 1911

Burkhart Müller-Hillebrand: Das Heer 1939-1945 (Standardwerk der Organisation), Darmstadt 1954, 1956, Frankfurt/M. 1969

T.E. Lawrence: Seven Pillars of Wisdom, London 1935

Kapitel Generalstabsdienst

Carl von Clausewitz: Vom Kriege, Bonn 1952; Der russische Feldzug von 1812, Wiesbaden 1953

Militärgeschichtliches Forschungsamt: Die Generalstäbe in Deutschland 1871-1945, Stuttgart 1962

Sir Winston Churchill: Parlamentsrede 22.2.1944 (dt. Generalstab), Hansard, London 1944

F.M. von Senger und Etterlin: Der Gegenschlag (Lehrbeispiele einer Beweglichen Abwehr im Rußlandfeldzug), Neckargemünd 1959; Neue Dimensionen militärischer Operationen, Europäische Wehrkunde/WWR8/83, München 8/1983

Lord Alanbrooke: War Diaries 1939-1945 (Koalitionsführung), London 2001

H.R. McMaster: Dereliction of Duty (Vietnamkrieg), New York 1997

Kapitel Diplomatie

Sir David Fraser: Shock (Wehrmacht), London 1983

Correlli Barnett: Britain and her Army (Malayakrieg), London 1970

Harold Nicolson: Lord Carnock (Kriegsausbruch 1914), London 1931

Reichsarchiv: Der Weltkrieg 1914-1918 (Schlacht bei Tannenberg, 2. Bd., S. 203), Berlin 1925

Kapitel Kryptokrieg

Robert M. Gates: From the Shadows (CIA), New York 1996

John Hugh-Wilson: Military Intelligence Blunders, London 1999

Gregory Feifer: The Great Gamble, The Soviet War in Afghanistan, New York 2004

Steve Coll: Ghost Wars, New York 2004

Bob Woodward: Plan of Attack (Irakkrieg), New York 2004; Obama's Wars, New York 2010

General David Richards: Taking Command (Sierra Leone), London 2014

Kapitel Strategie

James L. Richardson: Germany and the Atlantic Alliance, Harvard 1966

RAND Corp.: Reinforcing Deterrence on NATO's Eastern Flank, Web 2016

Über den Autor

Der Autor dieser Schrift ist 1930 geboren, erlebte den Zweiten Weltkrieg in Deutschland, wanderte danach über Italien nach Argentinien, dann nach den Vereinigten Staaten aus, kehrte 1956 nach Deutschland zurück, wo er in die neue Bundeswehr eintrat. Er diente als Kommandeur und Generalstabsoffizier in der Truppe und in deutschen und alliierten Stäben, im Verteidigungsministerium und als Militärattaché der deutschen Botschaft in London, nebenakkreditiert in der Republik Irland. Im Generalsrang war er Leiter des Militärischen Nachrichtendienstes, dann Deutscher Militärischer Vertreter im Obersten Alliierten Hauptquartier. 1986 nahm er seinen Abschied und siedelte mit seiner Familie nach London um.

Register

Carola Hartmann Miles-Verlag (Auswahl)

Politik, Gesellschaft und Militär

Uwe Hartmann, *Innere Führung. Erfolge und Defizite der Führungsphilosophie für die Bundeswehr,* Berlin 2007.

Rainer Pommerin (ed.), *Clausewitz goes global. Carl von Clausewitz in the 21th Century,* Berlin 2011.

Hans-Christian Beck, Christian Singer (Hrsg.), *Entscheiden – Führen – Verantworten. Soldatsein im 21. Jahrhundert,* Berlin 2011.

Wolf Graf von Baudissin, *Grundwert Frieden in Politik – Strategie – Führung von Streitkräften,* hrsg. von Claus von Rosen, Berlin 2014.

Marcel Bohnert, Lukas J. Reitstetter (Hrsg.), *Armee im Aufbruch. Zur Gedankenwelt junger Offiziere in den Kampftruppen der Bundeswehr,* Berlin 2014.

Angelika Dörfler-Dierken, Robert Kramer, *Innere Führung in Zahlen. Streitkräftebefragung 2013,* Berlin 2014.

Phil C. Langer, Gerhard Kümmel (Hrsg.), *„Wir sind Bundeswehr." Wie viel Vielfalt benötigen/vertragen die Streitkräfte?,* Berlin 2015.

Alois Bach, Walter Sauer (Hrsg.), *Schützen.Retten.Kämpfen. Dienen für Deutschland,* Berlin 2016.

Marcel Bohnert, Björn Schreiber (Hrsg.), *Die unsichtbaren Veteranen. Kriegsheimkehrer in der deutschen Gesellschaft,* Berlin 2016.

Dirk Freudenberg, *Theorie des Irregulären, 3 Bände,* Berlin 2017

Donald Abenheim and Carolyn Halladay, *Soldiers, War, Knowledge and Citizenship: German-American Essays on Civil-Military Relations,* Berlin 2017

Markus Reisner, *Robotic Wars – Legitimatorische Grundlagen und Grenzen des Einsatzes von Military Unmanned Systems in modernen Konfliktszenarien,* Berlin 2018

Wolfgang Peischel (Hrsg.), *Wiener Strategie-Konferenz 2018 – Strategie neu denken, Berlin 2019. Dritter Band der Reihe,* Berlin 2019

Angelika Dörfler-Dierken (Hrsg.), *Hinschauen! Geschlecht, Rechtspopulismus, Rituale: Systemische Probleme oder individuelles Fehlerverhalten?,* Berlin 2019.

Erinnerungen und Tradition

Blue Braun, *Erinnerungen an die Marine 1956–1996,* Berlin 2012.

Gustav Lünenborg, *Bürger und Soldat. Innere Führung hautnah 1956–1993, 1993–2015,* Berlin 2015.

Winfried Papenfuß, *Die Kriege der Karendorffs,* Berlin 2016

Adolf Brüggemann, *Als Offizier der Bundeswehr im Auswärtigen Dienst. Meine Erinnerungen als Militärattaché in Seoul (Republik Korea) 1978–83 und in Prag (Tschechoslowakei/Tschechien) 1988–1993,* Berlin 2015.

Rainer Buske, *Eine Reise ins Innere der Bundeswehr. Wundersame Geschichten aus einer anderen Welt,* Berlin 2016.

Heinz Laube, *Duell am Himmel,* Berlin 2016.

Viktor Toyka, *Dienst in Zeiten des Wandels. Erinnerungen aus 40 Jahren Dienst als Marineoffizier 1966-2000,* Berlin 2017.

Joachim Welz, *Vom Kontingentsheer zum Reichsheer: Militärkonventionen als Motor der Wehrverfassung,* Berlin 2018.

Donald Abenheim, Uwe Hartmann (Hrsg.), *Tradition in der Bundeswehr. Zum Erbe des deutschen Soldaten und zur Umsetzung des neuen Traditionserlasses,* Berlin 2018.

Hans-Eckhard Tribess (Hrsg.), *Im Leben unterwegs – für den Frieden. Festschrift für Wolfgang Altenburg zum 90. Geburtstag am 22. Juni 2018,* Berlin 2019.

Hans-Werner Ahrens, *Die Transportflieger der Luftwaffe 1956 bis 1971. Konzeption – Aufbau – Einsatz,* Berlin 2019

Eberhard Birk, Heiner Möllers (Hrsg.), *Die Luftwaffe und ihre Traditionen, (Band 10 der Reihe „Schriften zur Geschichte der Deutschen Luftwaffe"),* Berlin 2019

Donald Abenheim, Uwe Hartmann, *Einführung in die Tradition in der Bundeswehr. Das soldatische Erbe in dem besten Deutschland, das es je gab,* Berlin 2019.

Jahrbuch Innere Führung (seit 2009)

Uwe Hartmann, Claus von Rosen (Hrsg.), *Jahrbuch Innere Führung 2015. Neue Denkwege angesichts der Gleichzeitigkeit unterschiedlicher Krisen, Konflikte und Kriege,* Berlin 2015.

Uwe Hartmann, Claus von Rosen (Hrsg.), *Jahrbuch Innere Führung 2016. Innere Führung als kritische Instanz,* Berlin 2016.

Uwe Hartmann, Claus von Rosen (Hrsg.), *Jahrbuch Innere Führung 2017. Die Wiederkehr der Verteidigung in Europa und die Zukunft der Bundeswehr,* Berlin 2017.

Uwe Hartmann, Claus von Rosen (Hrsg.), *Jahrbuch Innere Führung 2018. Innere Führung zwischen Aufbruch, Abbau und Abschaffung: Neues denken, Mitgestaltung fördern, Alternativen wagen,* Berlin 2018.

Standpunkte und Orientierungen

Hartwig von Schubert, *Integrative Militärethik. Ethische Urteilsbildung in der militärischen Führung,* Berlin 2015.

Uwe Hartmann, *Hybrider Krieg als neue Bedrohung von Freiheit und Frieden. Zur Relevanz der Inneren Führung in Politik, Gesellschaft und Streitkräften,* Berlin 2015.

Klaus Beckmann, *Treue.Bürgermut.Ungehorsam. Anstöße zur Führungskultur und zum beruflichen Selbstverständnis in der Bundeswehr,* Berlin 2015.

Martin Sebaldt, *Nicht abwehrbereit. Die Kardinalprobleme der deutschen Streitkräfte, der Offenbarungseid des Weißbuchs und die Wege aus der Gefahr,* Berlin 2017.

Uwe Hartmann, *Der gute Soldat. Politische Kultur und soldatisches Selbstverständnis heute,* Berlin 2018.

Militärgeschichte

Eberhard Kliem, Kathrin Orth, *„Wir wurden wie blödsinnig vom Feind beschossen". Menschen und Schiffe in der Skagerrakschlacht 1916,* Berlin 2016.

Hans Frank, Norbert Rath, *Kommodore Rudolf Petersen. Führer der Schnellboote 1942–1945. Ein Leben in Licht und Schatten unteilbarer Verantwortung,* Berlin 2016.

Eckhard Lisec, *Der Völkermord an den Armeniern im 1. Weltkrieg – Deutsche Offiziere beteiligt?,* Berlin 2017.

Ingo Pfeiffer, *Heinz Neukirchen. Marinekarriere an wechselnden Fronten,* Berlin 2017.

Joachim Welz, *Erfolgsstory oder Trauma – die Übernahme von Armeen. Lehren aus der Übernahme des österreichischen Bundesheeres in die Wehrmacht*

1938 und der Reste der NVA in die Bundeswehr 1990, Berlin 2018.

Uwe Hartmann, *Innere Führung. Erfolge und Defizite der Führungsphilosophie für die Bundeswehr,* Berlin 2007.

Hans Delbrück / Peter Paret, *Krieg, Geschichte, Theorie. Zwei Studien über Clausewitz, herausgegeben von Peter Paret,* Berlin 2018

Georg Neuhaus, *Am Anfang war ein Speer. Eine Chronographie der Kriegs- und Militärtechnologien,* Berlin 2018.

Einsatzerfahrungen

Sascha Brinkmann, Joachim Hoppe (Hrsg.), *Generation Einsatz, Fallschirmjäger berichten ihre Erfahrungen aus Afghanistan*, Berlin 2010.

Artur Schwitalla, *Afghanistan, jetzt weiß ich erst... Gedanken aus meiner Zeit als Kommandeur des Provincial Reconstruction Team FEYZABAD,* Berlin 2010.

Rainer Buske, *KUNDUZ. Ein Erlebnisbericht über einen militärischen Einsatz der Bundeswehr in AFGHANISTAN im Jahre 2008*, Berlin 2016.